Gartengeschichten

Ein literarischer Streifzug durchs Grüne

esslinger

Wenn du ein Gärtchen hast und eine Bibliothek,
so wird dir nichts fehlen.

Marcus Tullius Cicero

Gartengeschichten

Ein literarischer Streifzug durchs Grüne

Inhalt

Es ist ganz gleich

Es ist ganz gleich, ob ein Garten klein oder groß ist.
Was die Möglichkeiten seiner Schönheit betrifft,
so ist seine Ausdehnung so gleichgültig,
wie es gleichgültig ist, ob ein Bild groß oder klein,
ob ein Gedicht zehn oder hundert Zeilen lang ist.

Die Möglichkeiten der Schönheit,
die sich in einem Raum von fünfzehn Schritten im Geviert,
umgeben von vier Mauern, entfalten können,
sind einfach unmessbar.

Hugo von Hofmannsthal

In der lockeren Erde

In der lockeren Erde zu hacken – maßvoll,
denn alles Schöne sollte maßvoll genossen werden –
ist wunderbar. Aus der Erde fließt Kraft,
sooft man sie mit der Hacke richtig berührt …

Man züchtet in einem gut gehackten Garten
ja nicht nur rote Rüben und Kartoffeln,
Mais und grüne Bohnen,
sondern das menschliche Leben schlechthin.

Charles Dudley Warner

Wie man Gärten anlegt

Gärten kann man auf verschiedene Art anlegen; die Beste ist die, einen Gärtner zu nehmen. Der Gärtner pflanzt dann verschiedene Stöcke, Reiser und Besen an, von denen er behauptet, dass es Ahorn, Weißdorn, Flieder darstelle, dass es Hochstämme, Halbstämme und andere Natursorten seien; dann wühlt er in der Erde herum, kehrt das Unterste zuoberst, drückt alles wieder glatt, macht aus Schlacke Wege, steckt hier und dort irgendein verwelktes Laub in die Erde, von dem er erklärt, es seien Perennen, sät den Samen für den künftigen Rasen aus, den er englisches Raigras und Knaulgras, Wiesenfuchsschwanz, Schwedenkell, Floringras nennt, und dann geht er fort, den Garten braun und kahl zurücklassend; nun legt er euch ans Herz, all die Gartenerde täglich sorgsam zu gießen und, bis das Gras zu wachsen anfängt, Kies für die Wege anfahren zu lassen.

Nun gut. Man würde denken, das Wässern eines Gartens sei eine sehr einfache Sache, besonders, wenn man einen Schlauch dazu benutzt. Es zeigt sich aber bald, dass der Schlauch ein ungewöhnlich hinterlistiges und gefährliches Geschöpf ist, solange er nicht gezähmt wurde. Er krümmt sich, schnellt hoch, macht eine große Wasserlache unter sich und taucht mit Wonne in den Schlamm unter, den er sich auf diese Weise schuf. Sodann stürzt er auf den Menschen los, der gießen will und ringelt sich um dessen Beine.

Man muss auf den Schlauch treten, da aber leistet er Widerstand, windet sich einem um Hüften und Hals, während der Angefallene mit ihm wie mit einer Riesenschlange kämpft, richtet das Ungetüm sein Messingmaul nach oben und speit einen mächtigen Wasserstrahl in die Fenster auf die frisch gewaschenen Vorhänge.

Es bleibt nichts anderes übrig, als ihn energisch beim Kopf zu packen und soweit als möglich zu strecken.

Die Bestie wütet vor Schmerz und beginnt Wasser zu spritzen, freilich nicht aus dem Maul, sondern aus dem Hydranten oder aus der Mitte des Körpers. Beim ersten Mal sind drei Leute zum Bändigen nötig. Alle verlassen dann den Kampfplatz, bis über die Ohren mit Erde beschmiert und ausgiebig mit Wasser bespritzt.

Was den Garten anbelangt, verwandelt er sich stellenweise in eine schmierige Pfütze, während er an anderen Stellen vor Trockenheit Risse bekommt. Tut man das täglich, beginnt in vierzehn Tagen Unkraut statt Rasen zu wachsen. Es ist ein Naturgeheimnis, dass sich aus dem besten Rasensamen das üppigste und stacheligste Unkraut

entwickelt. Vielleicht sollte man Unkrautsamen aussäen, um einen schönen Rasen zu bekommen. Nach drei Wochen ist der Rasen dicht mit Disteln und anderem kriechenden oder tief in der Erde verwurzeltem Unkraut bewachsen; versucht man, es aus der Erde zu ziehen, reißt es oberhalb der Wurzel ab oder nimmt einen ganzen Erdklumpen mit. Es ist schon so: je größer das Luder, desto besser gedeiht es.

Inzwischen verändert sich durch eine geheimnisvolle Umwandlung der Materie die Schlacke der Wege in die klebrigste und schlüpfrigste Tonerde, die man sich nur vorstellen kann.

Nichtsdestoweniger muss man das Unkraut aus dem Rasen entfernen; man jätet und jätet, und hinter jedem Schritt verwandelt sich der künftige Rasen in kahle braune Erde, wie sie am ersten Tag der Erschaffung der Welt ausgesehen haben mag. Nur an zwei bis drei Stellen bemerkt man einen grünlichen Schimmer – wie hingehauchter, schütterer Flaum; da gibt es keinen Zweifel mehr: Das ist Gras. Man geht auf den Fußspitzen umher und jagt die Spatzen fort. Aber während man auf den Boden starrt, treiben an den Stachelbeer- und Johannisbeersträuchern die ersten Blättchen heraus. Immer kommt einem der Frühling zuvor. Das Verhältnis zu den Dingen hat sich geändert. Regnet es, sagt man, es regne auf den Garten; scheint die Sonne, scheint sie nicht bloß so, sondern scheint auf den Garten; ist es Nacht, stellt man mit Befriedigung fest, dass sich der Garten ausruhe. Eines Tages wird man die Augen öffnen und der Garten wird grün sein, das hohe Gras im Tau erglänzen, pralle bräunliche Knospen gucken aus dem Dickicht der Rosenkronen hervor und die alternden Bäume werden breitästig und dunkel mit schweren Kronen und voll verwesendem Duft feuchten Schatten spenden.

Nichts wird mehr an den zarten, kahlen, braunen Garten jener Tage erinnern, an den spärlichen Flaum des ersten Grases, an das armselige Aufbrechen der ersten Knospen, an all die erdige, arme, rührende Schönheit des Gartens, als er angelegt wurde. Nun gut, jetzt aber heißt es gießen, jäten und die Steine aus der Erde klauben.

Karel Čapek

Inmitten eines Gartens

Inmitten eines Gartens

Inmitten eines Gartens wuchs ein Rosenstrauch,

der war ganz voller Rosen, und in einer davon,

der schönsten von allen, wohnte ein Elf.

Er war so winzig klein,

dass kein menschliches Auge ihn sehen konnte,

hinter jedem Blatt in der Rose hatte er eine Schlafkammer.

Er war so wohlgestalt und hübsch,

wie ein Kind nur sein konnte,

und hatte Flügel an den Schultern,

hinab bis zu den Füßen.

Oh, es war ein Duft in seinen Zimmern,

und wie hell und schön waren die Wände!

Sie waren ja die feinen hellrosa Rosenblätter.

Hans Christian Andersen

Däumelinchen

Es war einmal eine Frau, die wünschte sich so sehr ein Kind, aber sie wusste nicht, woher sie es bekommen sollte. Da ging sie zu einer alten Hexe und sagte: „Ich hätte so gern ein kleines Kind, kannst du mir nicht helfen?"

„O ja, ich weiß wohl Rat", antwortete die Hexe. „Hier hast du ein Gerstenkorn. Das ist aber kein Gerstenkorn, das beim Bauern auf dem Felde wächst oder das die Hühner zu fressen bekommen. Pflanze es in einen Blumentopf, so wirst du staunen!"

„Ich danke dir", sagte die Frau und gab der Hexe zwölf Silbertaler. Dann ging sie nach Hause, pflanzte das Gerstenkorn und sogleich wuchs daraus eine herrliche große Blume. Die sah aus wie eine Tulpe, aber die Blütenblätter waren fest verschlossen wie bei einer Knospe.

„Das ist eine schöne Blume", sagte die Frau und küsste sie auf die roten und gelben Blätter, da öffnete sich die Blume mit einem Knall. Sie war eine richtige Tulpe, wie man sehen konnte, aber mitten in der Blume saß auf dem grünen Stempel ein niedliches kleines Mädchen. Es war kaum einen Daumen groß, deswegen wurde es Däumelinchen genannt. Däumelinchen bekam eine hübsch lackierte Walnussschale als Wiege, Veilchenblätter waren ihre Matratze und ein Rosenblatt ihre Decke.

Da schlief sie bei Nacht, aber am Tage spielte sie auf dem Tisch. Die Frau hatte einen Teller hingestellt und ringsum mit einem Kranz von Blumen belegt, deren Stängel im Wasser standen. Darin schwamm ein großes Tulpenblatt, und auf dem Blatt konnte Däumelinchen sitzen und von der einen Seite des Tellers zur anderen fahren. Sie ruderte mit zwei weißen Pferdehaaren, das sah ganz reizend aus. Sie konnte auch singen, so zart und fein, wie man es noch nie gehört hatte. Einmal, als sie nachts in ihrem schönen Bettchen lag, kam eine alte Kröte durch eine zerbrochene Scheibe des Fensters hereingekrochen. Die Kröte war hässlich und groß und nass und hüpfte auf den Tisch herunter, auf dem Däumelinchen unter dem Rosenblatt schlief.

„Das wäre eine hübsche Frau für meinen Sohn", sagte die Kröte, nahm die Walnussschale, in der Däumelinchen schlief, und hüpfte mit ihr durchs Fenster in den Garten hinunter. Dort floss ein breiter Bach, dessen Ufer sumpfig und schlammig war. Hier wohnte die Kröte mit ihrem Sohn. Hu, der war genauso hässlich und garstig wie seine Mutter! „Koax, koax, bekkerekekex!"

Das war alles, was er sagen konnte, als er das niedliche Mädchen in der Walnussschale erblickte. „Sprich nicht so laut, sonst wacht sie auf!", sagte die alte Kröte. „Sie könnte noch fliehen, denn sie ist so leicht wie ein Schwanenflaum. Wir wollen sie auf ein breites Seerosenblatt in den Bach setzen, das ist für sie, die so leicht und klein ist, wie eine Insel. Dann kann sie nicht davonlaufen, während wir unten in dem Morast, wo ihr wohnen und hausen werdet, die gute Stube instand setzen."

In dem Bach wuchsen viele Seerosen mit breiten grünen Blättern, die aussahen, als schwämmen sie oben auf dem Wasser. Das Blatt, das am weitesten draußen lag, war auch das größte. Dorthin schwamm die alte Kröte und setzte die Walnussschale mit Däumelinchen darauf. Däumelinchen erwachte frühmorgens, und als sie sah, wo sie war, fing sie bitterlich an zu weinen. Denn das große grüne Blatt lag mitten im Wasser und sie konnte gar nicht an Land kommen.

Die alte Kröte saß währenddessen unten im Morast und putzte ihre Stube mit Schilf und gelben Wasserrosen heraus, denn es sollte alles recht hübsch für die neue Schwiegertochter werden. Dann schwamm sie mit ihrem hässlichen Sohn zu dem Blatt, auf dem Däumelinchen war. Sie wollten ihr hübsches Bettchen holen und in das Brautgemach stellen, bevor sie es selbst betrat. Die alte Kröte verneigte sich im Wasser tief vor ihr und sagte: „Hier siehst du meinen Sohn. Er wird dein Mann sein und ihr werdet unten im Morast prächtig wohnen."

„Koax, koax, bekkerekekex!", war alles, was der

Sohn sagen konnte. Dann nahmen sie das niedliche kleine Bett und schwammen damit fort.

Däumelinchen aber saß ganz alleine auf dem grünen Blatt und weinte, denn sie mochte nicht bei der garstigen Kröte wohnen und ihren hässlichen Sohn zum Mann haben. Die kleinen Fische, die unten im Wasser schwammen, hatten die Kröte gesehen und sie hatten auch gehört, was sie gesagt hatte. Deshalb streckten sie die Köpfe hervor, denn sie wollten das kleine Mädchen auch sehen. Sie fanden es reizend und bedauerten sehr, dass es zur hässlichen Kröte hinunter sollte. Nein, das durfte nicht geschehen! Die Fische versammelten sich unten im Wasser rings um den grünen Stängel, der das Blatt hielt, auf dem Däumelinchen stand, und nagten mit ihren Zähnen den Stiel ab. Da schwamm das Blatt mit ihr den Bach abwärts, weit fort, wo die Kröte sie nicht erreichen konnte. Däumelinchen segelte an vielen Orten vorbei und die kleinen Vögel saßen in den Büschen und sangen: „Welch liebliches kleines Mädchen!"

Das Blatt schwamm mit ihr immer weiter und weiter fort. So reiste Däumelinchen durch die Lande. Ein kleiner weißer Schmetterling flatterte neben ihr her und ließ sich zuletzt auf dem Blatt nieder, denn Däumelinchen gefiel ihm. Die freute sich sehr, denn nun konnte die Kröte sie nicht erreichen, und es war so schön, wo sie fuhr. Die Sonne schien aufs Wasser, dass es glitzerte wie feinstes Silber. Sie nahm ihren Gürtel und band das eine

Ende um den Schmetterling, das andere Ende befestigte sie am Blatt.

Nun glitt es viel schneller dahin und sie mit ihm, denn sie stand ja darauf. Auf einmal kam ein großer Maikäfer angeflogen. Als der sie erblickte, schlang er augenblicklich seine Klauen um ihren schlanken Leib und flog mit ihr auf einen Baum. Das grüne Blatt schwamm den Fluss hinab und der Schmetterling mit ihm, denn er war an dem Blatt festgebunden und konnte nicht selbst loskommen.

Wie war das arme Däumelinchen erschrocken, als der Maikäfer mit ihr auf den Baum flog! Aber ebenso betrübt war sie wegen des schönen weißen Schmetterlings, den sie an das Blatt festgebunden hatte. Wenn er sich nicht befreien konnte, musste er ja verhungern! Darum kümmerte sich der Maikäfer nicht. Er setzte sich mit ihr auf das größte Blatt des Baumes, gab ihr das Süße der Blumen zu essen und sagte, dass sie niedlich sei, obgleich sie gar nicht aussähe wie ein Maikäfer. Später kamen alle anderen Maikäfer und Maikäferinnen, die im Baum wohnten, zu Besuch. Sie betrachteten Däumelinchen, rümpften die Fühler und sagten: „Sie hat nicht mehr als zwei Beine; das sieht erbärmlich aus."

„Sie hat keine Fühler!", sagte ein anderer.

„Sie ist so dünn in der Mitte, pfui! Sie sieht aus wie ein Mensch! Wie hässlich sie ist!", sagten alle Maikäferinnen. Und doch war Däumelinchen so

zierlich und hübsch. Das erkannte auch der Maikäfer, der sie geraubt hatte. Aber als alle anderen sagten, sie sei hässlich, glaubte er es zuletzt auch und wollte sie gar nicht haben. Sie könne gehen, wohin sie wolle, sagte er.

Sie flogen mit ihr vom Baum hinunter und setzten sie auf ein Gänseblümchen. Da saß sie nun und weinte, weil sie so hässlich sei, dass die Maikäfer sie nicht haben wollten. Dabei war sie doch so lieblich und so zart wie das schönste Rosenblatt. Den ganzen Sommer über lebte das arme Däumelinchen allein in dem großen Wald. Sie flocht sich ein Bett aus Grashalmen und hängte es unter einem Kleeblatt auf, damit sie vor dem Regen geschützt war. Sie aß das Süße der Blumen und trank den Tau, der jeden Morgen auf den Blättern lag.

So vergingen Sommer und Herbst. Aber nun kam der Winter, der kalte, lange Winter. Alle Vögel, die so schön für sie gesungen hatten, flogen davon, Bäume und Blumen verdorrten. Das große Kleeblatt, unter dem sie gewohnt hatte, vertrocknete und es blieb nichts als ein gelber, welker Stängel zurück. Däumelinchen fror erbärmlich, denn ihre Kleider waren zerrissen und sie selbst war so fein und klein. Dann fing es an zu schneien, und jede Schneeflocke, die auf sie fiel, war, als wenn man auf uns eine ganze Schaufel voll wirft. Sie hüllte sich in ein verdorrtes Blatt ein, aber das riss entzwei und wärmte nicht. Sie zitterte vor Kälte. Dicht vor

dem Wald, wo sie nun lebte, lag ein großes Korn-feld. Das Korn war schon lange abgeschnitten, nur die nackten, trockenen Stoppeln standen aus der gefrorenen Erde hervor. Däumelinchen wan-derte durch die Stoppeln wie durch einen Wald und gelangte endlich vor die Tür einer Feldmaus, die eine kleine Höhle unter dem Korn hatte. Dort wohnte die Feldmaus warm und gemütlich, hatte die ganze Stube voll Körner, eine schöne Küche und eine Speisekammer.

Das arme Däumelinchen stellte sich an die Tür wie ein Bettelmädchen und bat um ein kleines Stück von einem Gerstenkorn, denn sie hatte seit zwei Tagen nicht das Geringste zu essen gehabt. „Du armes Ding!", sagte die Feldmaus, denn sie war eine gute alte Feldmaus, „komm herein in mei-ne warme Stube und iss mit mir!"

Däumelinchen gefiel ihr, deshalb sagte sie: „Du kannst meinetwegen den Winter über bei mir blei-ben, aber dann musst du meine Stube sauber halten und mir Geschichten erzählen, denn die liebe ich sehr."

Däumelinchen tat, was die freundliche alte Feld-maus verlangte und hatte es dafür außerordent-lich gut bei ihr. „Nun bekommen wir bald Besuch", sagte die Feldmaus. „Mein Nachbar pflegt mich einmal in der Woche zu besuchen. Er ist noch besser gestellt als ich, hat große Säle und trägt einen schönen schwarzen Samtpelz. Wenn du den zum Manne bekommen könntest, wärst du gut versorgt. Aber er kann nicht sehen. Du musst ihm die schönsten Geschichten erzählen, die du weißt!"

Aber daraus machte sich Däumelinchen nichts, sie mochte den Nachbarn gar nicht, denn er war ein Maulwurf.

Er kam und stattete ihnen in seinem schwarzen Samtpelz Besuch ab und die Feldmaus sagte, er sei reich und gelehrt, seine Wohnung sei auch zwanzigmal größer als ihre eigene. Er war wirklich gelehrt, aber die Sonne und die schönen Blumen mochte er nicht leiden, von denen sprach er schlecht, weil er sie nie gesehen hatte.

Däumelinchen musste singen und sie sang „Mai-käfer flieg!" und „Ein Männlein steht im Walde". Da verliebte sich der Maulwurf in ihre schöne Stim-me, aber er sagte nichts, er war ein besonnener Mann. Er hatte sich vor Kurzem einen langen Gang durch die Erde gegraben von seinem bis zu ihrem Haus. Die Feldmaus und Däumelinchen erhielten die Erlaubnis, darin spazieren zu gehen, so oft sie nur wollten. Aber er bat sie, sich nicht vor dem toten Vogel zu fürchten, der in dem Gang lag. Es war ein Vogel, unverletzt mit Federn und Schnabel, der sicher erst kürzlich gestorben war und nun gerade dort begraben lag, wo der Maulwurf seinen Gang gegraben hatte. Der Maulwurf nahm nun ein Stück faules Holz, denn das schimmert wie Feuer im Dunklen, ging voran und leuchtete ihnen in dem langen, dunklen Gang. Als sie zu der Stelle kamen, wo der tote Vogel lag, stemmte der Maulwurf seine breite Nase gegen die Decke und stieß die Erde auf, sodass ein großes Loch entstand und das Licht hinunter-scheinen konnte. Auf dem Boden lag eine tote Schwalbe, die schönen Flügel fest an die Seite gedrückt, die Füße und den Kopf unter die Federn gezogen. Der arme Vogel war offenbar vor Kälte gestorben. Er tat Däumelinchen leid, sie liebte alle Vögel, denn die hatten den ganzen Sommer so schön für sie gesungen und gezwitschert. Aber der Maulwurf stieß ihn mit seinen krummen Beinen an und sagte: „Nun pfeift er nicht mehr! Es muss doch erbärmlich sein, als kleiner Vogel geboren zu werden! Ein Glück, dass keinem meiner Kinder das passieren kann. Ein solcher Vogel hat ja nichts außer seinem ‚Kiwitt' und muss im Winter verhungern!"

„Ja, das könnt ihr als vernünftiger Mann wohl sagen", erwiderte die Feldmaus. „Was hat der Vogel von all seinem ‚Kiwitt', wenn der Winter kommt? Er muss hungern und frieren. Doch das soll wohl besonders vornehm sein!"

Däumelinchen sagte gar nichts, aber als die beiden anderen dem Vogel den Rücken zuwandten, neigte sie sich hinab, schob die Federn zur Seite, die den Kopf bedeckten, und küsste ihn auf die geschlossenen Augen. „Vielleicht war er es, der so hübsch für mich im Sommer gesungen hat", dachte sie. „Wie viel Freude hat er mir gemacht, der liebe, schöne Vogel."

Der Maulwurf stopfte nun das Loch zu, durch das der Tag hereinschien, und begleitete dann die Damen nach Hause. Aber in der Nacht konnte Däumelinchen nicht schlafen. Sie stand von ihrem Bett auf und flocht aus Heu eine große, schöne Decke. Die trug sie hin, breitete sie über dem Vogel aus und legte Staubfäden von Blumen, die weich wie Baumwolle waren und die sie in der Stube der

Feldmaus gefunden hatte, an seine Seiten, damit er in der kalten Erde warm liegen möge.

„Leb wohl, du schöner, kleiner Vogel!", sagte sie, „leb wohl und hab Dank für deinen herrlichen Gesang im Sommer, als alle Bäume grün waren und die Sonne warm auf uns herabschien!"

Dann legte sie ihr Haupt an des Vogels Brust, erschrak aber im selben Augenblick, denn es war gerade, als ob da drinnen etwas pochte. Das war das Herz des Vogels. Der Vogel war nicht tot, er lag nur betäubt da, war nun erwärmt worden und bekam wieder Leben.

Im Herbst fliegen alle Schwalben fort nach den warmen Ländern. Ist aber eine dabei, die sich verspätet, dann friert sie so, dass sie wie tot herabstürzt und liegen bleibt, wo sie hinfällt. Und der kalte Schnee deckt sie zu.

Däumelinchen zitterte, so sehr war sie erschrocken, denn der Vogel war ja groß, sehr groß gegen sie. Aber dann fasste sie Mut, legte die Baumwolle dichter um die arme Schwalbe und holte ein Krauseminzeblatt, das sie selbst als Deckbett gehabt hatte, und legte es auf den Kopf des Vogels. In der nächsten Nacht schlich sie wieder zu ihm und da war er lebendig, aber so matt, dass er nur einen kurzen Augenblick seine Augen öffnen und Däumelinchen anschauen konnte, die mit einem Stück faulen Holzes in der Hand vor ihm stand, denn eine andere Laterne hatte sie nicht.

„Ich danke dir, du niedliches kleines Kind!", sagte die kranke Schwalbe zu ihr. „Ich bin so herrlich warm geworden! Bald bekomme ich meine Kräfte wieder und kann dann hinausfliegen in den warmen Sonnenschein."

„Oh", sagte Däumelinchen, „es ist aber kalt draußen, es schneit und friert! Bleib in deinem warmen Bett, ich werde dich schon pflegen!"

Dann brachte sie der Schwalbe Wasser in einem Blumenblatt und diese trank und erzählte ihr, wie sie den einen Flügel an einem Dornbusch wund gerissen und deshalb nicht so schnell habe fliegen können wie die anderen Schwalben, die fortgezogen waren, weit fort nach den warmen Ländern. Sie sei zuletzt zur Erde gefallen. Mehr wusste sie nicht, auch nicht, wie sie hierher gekommen war. Den ganzen Winter blieb sie da unten und Däumelinchen hegte und pflegte sie liebevoll.

Weder der Maulwurf noch die Feldmaus erfuhren etwas davon, denn die mochten die arme Schwalbe ja nicht leiden. Sobald der Frühling kam und die Sonne die Erde erwärmte, sagte die Schwalbe Däumelinchen Lebewohl, und sie öffnete das Loch, das der Maulwurf oben gemacht hatte.

Die Sonne schien hell zu ihnen herein und die Schwalbe fragte, ob sie mitkommen wolle, sie könne auf ihrem Rücken sitzen, sie wollten weit hinausfliegen in den grünen Wald.

Aber Däumelinchen wusste, dass es die alte Feldmaus betrüben würde, wenn sie sie einfach verließ.

„Nein, ich kann nicht!", sagte Däumelinchen.

Däumelinchen

„Leb wohl, leb wohl, du gutes, niedliches Mädchen!", sagte die Schwalbe und flog in den Sonnenschein hinaus.

Däumelinchen sah ihr nach und ihre Augen füllten sich mit Tränen, denn sie war der Schwalbe von Herzen gut.

„Kiwitt, Kiwitt!", zwitscherte der Vogel und flog in den grünen Wald. Däumelinchen war traurig. Sie durfte gar nie in den warmen Sonnenschein hinausgehen. Das Korn, das auf dem Feld über dem Haus der Feldmaus gesät war, wuchs in die Höhe und war ein dichter Wald für das arme kleine Mädchen, das kaum einen Daumen groß war.

„Der Nachbar hat um dich angehalten, Däumelinchen", sagte die Feldmaus zu ihr. „Welch großes Glück für ein armes Kind! Nun sollst du im Sommer deine Aussteuer nähen. Du sollst Wollzeug und Leinwand haben, denn es darf dir an nichts fehlen, wenn du die Frau des Maulwurfs wirst!" Däumelinchen musste die Spindel drehen und die Feldmaus heuerte vier Spinnen an, die Tag und Nacht für sie webten. Jeden Abend besuchte der Maulwurf sie und redete dann immer davon, dass wenn der Sommer zu Ende ginge, die Sonne nicht mehr so warm scheinen würde, sie brenne ja jetzt die Erde so fest wie einen Stein. Wenn der Sommer vorbei sei, dann wolle er mit Däumelinchen Hochzeit feiern. Aber das kleine Mädchen freute sich gar nicht darauf, denn sie konnte den faden Maulwurf nicht leiden.

Jeden Morgen, wenn die Sonne aufging, und jeden Abend, wenn sie unterging, stahl sie sich zur Tür hinaus, und wenn dann der Wind die Kornähren trennte, sodass sie den blauen Himmel sehen konnte, dachte sie daran, wie hell und schön es hier draußen war, und wünschte sehnsüchtig, die liebe Schwalbe wiederzusehen.

Aber die kam nicht zurück, sie war gewiss tief in den schönen grünen Wald hineingeflogen.

Als es Herbst wurde, hatte Däumelinchen ihre ganze Aussteuer fertig.

„In vier Wochen sollst du Hochzeit halten", sagte die Feldmaus.

Aber Däumelinchen weinte und sagte, sie wolle den langweiligen Maulwurf nicht haben.

„Schnickschnack", sagte die Feldmaus. „Sei nicht widerspenstig, sonst beiße ich dich mit meinen spitzen Zähnen! Du bekommst einen schönen Mann. So einen schwarzen Samtpelz wie er hat selbst die Königin nicht! Er hat Küche und Keller voll. Sei dankbar dafür!"

Und dann sollte die Hochzeit sein, der Maulwurf war schon gekommen, um Däumelinchen zu holen. Tief unten in der Erde sollte sie mit ihm wohnen und nie mehr in die warme Sonne hinauskommen, denn die konnte er nicht leiden. Däumelinchen war sehr betrübt, denn nun sollte sie von der schönen Sonne Abschied nehmen, die sie doch bei der Feldmaus ab und zu von der Türe aus hatte sehen dürfen.

„Leb wohl, du helle Sonne!", sagte sie, streckte die Arme nach ihr aus und ging auch ein paar Schritte vor das Haus der Feldmaus, denn das Korn war schon geerntet und es standen nur die dürren Stoppeln auf dem Acker.

„Leb wohl, leb wohl", sagte sie und schlang ihre Arme um eine kleine rote Blume. „Grüß die Schwalbe von mir, wenn du sie sehen solltest!"

„Kiwitt, Kiwitt!", zwitscherte es plötzlich über ihrem Kopf. Sie sah auf und da war die Schwalbe, die gerade vorbeiflog. Als sie Däumelinchen erblickte, wurde sie ganz vergnügt. Däumelinchen erzählte ihr, wie ungern sie den hässlichen Maulwurf zum Manne haben wolle und dass sie dann tief unten in der Erde wohnen solle, wo die Sonne niemals scheine. Dann begann sie zu weinen.

„Es wird bald Winter", sagte die Schwalbe. „Ich fliege weit fort in den warmen Süden. Willst du mit mir kommen? Du kannst auf meinem Rücken sitzen, dann fliegen wir dem hässlichen Maulwurf und seiner dunklen Stube davon, weit fort über die Berge nach den warmen Ländern, wo die Sonne schöner scheint als hier, wo immer Sommer ist und immer herrliche Blumen blühen. Flieg nur mit mir, liebes kleines Däumelinchen, die du mein Leben gerettet hast, als ich erstarrt in dem dunklen Erdkeller lag!"

„Ja, ich komme mit!", sagte Däumelinchen. Sie setzte sich auf den Rücken des Vogels und stellte die Füße auf seine ausgebreiteten Flügel. Sie band ihren Gürtel an seiner stärksten Feder fest und schon flog die Schwalbe hoch in die Luft über Wald und Meer und über die großen Berge, wo immer Schnee liegt. Däumelinchen fror in der kalten Luft, aber dann kroch sie unter die warmen Federn des Vogels und streckte nur den kleinen Kopf heraus, um all das Schöne unter sich zu bewundern. So erreichten sie die warmen Länder. Dort schien die Sonne viel heller als daheim, der Himmel war zweimal so hoch und an Zäunen und Hecken wuchsen die schönsten grünen und blauen Weintrauben. In den Wäldern hingen Zitronen und Apfelsinen, es duftete nach Myrte und Krauseminze und auf den Landstraßen spielten Kinder mit großen, bunten Schmetterlingen.

Aber die Schwalbe flog immer weiter und es wurde schöner und schöner. Schließlich erreichten sie das blaue Meer. Am Ufer stand unter herrlichen grünen Bäumen ein schneeweißes Marmorschloss aus alten Zeiten. Weinreben rankten sich um die hohen Säulen und ganz oben waren viele Schwalbennester. In einem dieser Nester wohnte die Schwalbe, die Däumelinchen trug.

„Hier ist mein Haus", sagte die Schwalbe.

„Aber ich bin nicht so eingerichtet, dass du bei mir wohnen magst. Du kannst dir eine der prächtigen Blumen, die da unten wachsen, als Wohnung aussuchen, dann will ich dich hineinsetzen und du sollst es so gut und schön haben, wie du es dir nur wünschen kannst!"

„Das ist wundervoll!", sagte Däumelinchen und klatschte in die kleinen Hände. Unten lag eine große weiße Marmorsäule, die umgefallen und in drei Stücke zerbrochen war. Dazwischen wuchsen die schönsten, großen, weißen Blumen. Die Schwalbe flog mit Däumelinchen hinunter und setzte sie auf eines der breiten Blätter. Aber wie staunte Däumelinchen! Mitten in der Blume saß ein kleiner Mann, so weiß und durchsichtig, als sei er von Glas. Er trug eine Goldkrone auf dem Kopfe und an den Schultern duftige Flügel, und er war nicht größer als Däumelinchen.

Das war der Blumenelf. In jeder Blume wohnte solch ein kleiner Mann oder eine kleine Frau, aber dieser war ihr König.

„Wie schön er ist!", flüsterte Däumelinchen der Schwalbe zu.

Der kleine König erschrak, als er die Schwalbe sah, denn sie war gegen ihn, der so klein und fein war, ein Riesenvogel. Aber als er Däumelinchen erblickte, freute er sich, denn sie war das schönste Mädchen, das er je gesehen hatte. Er nahm seine goldene Krone ab und setzte sie ihr auf, fragte, wie sie heiße und ob sie seine Frau werden wolle. Dann würde sie Königin über alle Blumen werden! Ja, das war freilich ein anderer Mann als der Sohn der Kröte oder der Maulwurf mit dem schwarzen Samtpelz. Däumelinchen sagte deshalb gerne Ja und aus allen Blumen kamen Blumenelfen hervor, so zierlich, dass es eine Lust war, sie anzusehen.

Jeder brachte Däumelinchen ein Geschenk mit, aber das schönste Geschenk waren doch zwei schöne Flügel von einer großen, weißen Fliege. Die wurden an Däumelinchens Rücken befestigt und nun konnte auch sie von Blume zu Blume fliegen. Alle freuten sich und die Schwalbe saß oben in ihrem Nest und sang ihr schönstes Lied. In ihrem Herzen aber war sie doch traurig, denn sie hatte Däumelinchen gern und hätte sich am liebsten nie von ihr getrennt.

„Du sollst nicht länger Däumelinchen heißen!", sagte der Blumenelf zu ihr. „Das ist ein hässlicher Name und du bist so schön. Wir wollen dich Maja nennen."

„Leb wohl, leb wohl!", zwitscherte die kleine Schwalbe, als sie mit schwerem Herzen Abschied nahm und wieder aus den warmen Ländern zurück nach Dänemark flog. Dort hatte sie ein kleines Nest über dem Fenster, wo der Mann wohnt, der Märchen erzählen kann. Dem hat sie ihr „Kiwitt, Kiwitt!" vorgesungen und daher wissen wir die ganze Geschichte.

Hans Christian Andersen

Inserat

Die verehrlichen Jungen, welche heuer
meine Äpfel und Birnen zu stehlen gedenken,
ersuche ich höflichst, bei diesem Vergnügen
wo möglich insoweit sich zu beschränken,
dass sie daneben auf den Beeten
mir die Wurzeln und Erbsen nicht zertreten.

Theodor Storm

Das Paradies

Sein Glück für einen Apfel geben,
O Adam, welche Lüsternheit!
Statt deiner hätt ich sollen leben,
so wär das Paradies noch heut.
– Wie aber, wenn alsdann die Traube
die Probefrucht gewesen wär?
Wie da, mein Freund?
– Ei, nun, ich glaube –
das Paradies wär auch nicht mehr.

Gotthold Ephraim Lessing

Baumblüte

Die Obstbäume blühen! – Ich hab's gut: Ich brauche bloß vor die Türe zu gehen, und ich sehe die ganze Blütenpracht vor mir.

Da liegt unser Garten, und daneben sind links und rechts Nachbargärten, und überall schimmern und duften die weißen Blütenbäume. Wie schlanke, hohe Türme ragen die Birnbäume auf, grün und weiß überschüttet. Daneben, mit niedrigem, breitem Rücken, stehen die Apfelbäume. Sie lassen sich etwas mehr Zeit bis zum Blühen. Wer aber genau hinschaut, der findet zwischen den kleinen, graugrünen Blättern schon die roten, leuchtenden Knospen. Ich glaube, wenige Stunden noch, dann werden auch sie aufbrechen.

Schau, drüben im Garten steht ein junges, vorwitziges Apfelbäumchen, das trägt schon jetzt einen feinen, weißen Blütenschleier! Es hat ihn heute Mittag in der warmen Frühlingssonne angelegt. Auch Pflaumenbäume sind da mit runden Kronen. Wie große, grünweiß schimmernde Sträuße sehen sie aus.

Über den Zaun guckt vom Nachbarhaus her ein Kirschbaum; auch er ist wie von einem Blütenschleier überzogen. Seine dünnen Rutenzweiglein lässt er über den Zaun hängen, und die vielen Blütenbüschel flattern lustig im Wind.

Gehe ich näher an die weiße Pracht heran, so weht mir ein feiner Duft entgegen, und es summt und brummt. Wir wissen schon, wer da am Werke ist: Bienen und Hummeln und auch allerlei kleines Fliegen- und Käfergesindel. Alle wollen ihren Teil von dem süßen Blütensaft haben. Und alle pudern sich beim Herumklettern in der Blüte die Beine, den Leib und die Flügel mit goldenem Blütenstaub und laden ein bisschen davon in der nächsten Blüte ab – nur ein bisschen, aber es ist genug, um die Narbe zu bestäuben.

Ja, ich hab's gut: Ich brauche nur vor die Türe zu gehen, nur durchs Fenster zu schauen und habe all die Pracht vor mir. Du in der Stadt hast es nicht so gut. Oder habt ihr im Vorgarten oder an der Hausmauer ein, zwei Bäumchen stehen? Wenn nicht, lade ich euch herzlich ein, zu mir herauszukommen und in unserem Garten das große Blütenwunder zu sehen.

André Lichtenberger

Die Gartentour

„Hörst du mir zu, Schatz? Das hier sind Funkien. Diese dort auch. Große Blätter, unterschiedliche Blattfärbungen. Sehr nützlich, um damit freie Stellen zu bepflanzen. Die würden sich gut unter deinem Fenster zur Straßenseite machen. Da sieht es immer so trostlos aus."

„Ja, Mom."

Es hatte keinen Zweck, mit ihr zu diskutieren. Die besagten Fenster lagen den ganzen Tag in glühender Sonne. Also hatte ich eine Plastikfolie darunter gelegt, sie mit roten Steinen bedeckt und nannte das ganze ein unkrautfreies Beet. Die Funkien, die meine Mutter mir gerade empfohlen hatte, breiteten ihre unterschiedlich gefärbten Blätter im Schutz üppig belaubter Bäume aus.

„Diese Pflanze hier solltest du auch mal ausprobieren. Riesenbalsam, Monarda. Hübsche rote Blüten, sehr fröhlich. Damit lockst du Kolibris in deinen Garten. Hörst du mir auch zu, Schatz?"

Ich weiß nicht, warum ich mir eingebildet hatte, Mutter und ich könnten auf einer organisierten Tour durch Privatgärten unserer Stadt eine angenehme Zeit miteinander verbringen. Wir hatten gerade mal den ersten von fünf Gärten betreten, und schon hackte sie auf mir herum. Ich tarnte meinen Seufzer als Ausruf des Erstaunens. Wenigstens war es für einen guten Zweck; unsere Bibliothek

organisierte die Tour und bekam ein wenig Geld dafür, und außerdem war das Wetter genau richtig, um den Tag im Freien zu verbringen.

Sondra Hepplewhite schwebte auf uns hernieder; ihr geblümter Taftrock knisterte, und sie trug ein Klemmbrett, das mit roten Strichen übersät war.

„Was sagen Sie denn dazu? Ich habe diesen Leuten so oft eingeschärft, dass die Tourgärten in einem Topzustand sein müssen. Jetzt sehen Sie sich das an!"

Sie zeigte auf einen Fleck zwischen den Funkien. „Unkraut. Ich muss sofort mit Maryanne sprechen."

Zwischen zwei Funkien kämpfte sich ein einsamer Grashalm mühsam ans Licht.

Sondra fügte den roten Strichen hinter Maryannes Namen einen weiteren hinzu. Sie musterte meine Mutter, würdevoll im weißen Kleid, und mich in Jeans und T-Shirt.

„Das ist eine Gartentour mit anschließendem Tee, Fräuleinchen", sagte sie und betrachtete mich finster. „Wir wollen hier doch einen gewissen Standard wahren. Sie fahren vor dem Tee besser schnell heim und ziehen sich um. Sie haben doch ein Kleid, oder?"

„Natürlich hat sie eins", sagte Mom. „Ich habe ihr gleich gesagt, das ist eine Gartentour, zieh dich anständig an, aber Sie wissen ja, wie das ist.

Keine Sorge, ich kümmere mich drum."

Ich presste die Lippen zu einem verkrampften Lächeln aufeinander. Jeans und Gärten passten meiner Ansicht nach prima zusammen. Außerdem war es ja nicht gerade so, als würde die Queen zum Tee kommen. Nur ein paar Nachbarn, und die hatten alle schon mal Jeans gesehen. Die meisten hatten heute sogar welche an, während sie durch die Gärten spazierten und sich von den Hobbygärtnerinnen heiße Tipps geben ließen.

Als wir die Besichtigung des ersten Gartens beendet hatten, sah ich, wie Sondra sofort auf ihren nächsten Kontrollpunkt zusteuerte. Maryanne hielt ein zerknülltes Papier in der Hand und trat nach einem Büschel Mauerpfeffer. Wir gingen zum nächsten Garten. Auf dem kleinen Grundstück war mehr Haus als Garten, aber der war mit Blumen aller Arten, Farben und Größen vollgestopft. Er war auf eine wilde, sorglose Art wundervoll, als wollte die Gärtnerin alles auf einmal, und ein paar Gartenzwerge noch dazu. Das üppige Durcheinander der Blüten ließ erkennen, dass sie ihre Wurzeln ausstrecken durften, wohin sie auch immer wollten. Reiche Düfte füllten meine Nase. Die Luft trug mehr Aroma mit sich als in einem Geschäft voller Duftkerzen. Fröhliches Gelächter drang von den anderen Tourmitgliedern zu uns herüber, und das lag bestimmt an der Atmosphäre dieses Ortes. Wahrscheinlich hatte die Gärtnerin kein Privatleben und lebte nur für ihre Blumen.

„Das wär doch was für deinen Garten", sagte Mom. „Grab den Rasen um und schmeiß die grässlichen roten Steine raus. Setz überall Blumen. Frühlingsblüher, Sommerblüher, Herbstblüher. Siehst du, hier gibt es Azaleen, Iris, Stiefmütterchen, Rhododendron, Rittersporn ... Rittersporn würde links und rechts von deiner Haustür bestimmt ganz bezaubernd aussehen. Hörst du mir auch zu, Schatz?"

Sondras Kopf tauchte hinter einem Holzapfelbaum auf.

„Viel zu dicht bepflanzt", sagte sie mit einem Schnauben. „Ich hab Lois doch gesagt, sie soll das reduzieren. Kein Mensch will einen Garten sehen bei dem alles außer Kontrolle geraten ist. Und dieses Ding ist entsetzlich. Sie muss es unbedingt entfernen, wenn sie nächstes Jahr noch bei der Gartentour dabei sein will."

„Dieses Ding" war eine schmiedeeiserne Pergola. Sie umgab eine Fontäne, von der das Wasser kaskadenartig in drei Teiche plätscherte. Unzählige Bodendecker und kleine Blumen mit nickenden Blütenköpfen umringten die Teiche. Ich rechnete im Geist zusammen, wie viel tausend Dollar und wie viel Arbeitsstunden das wohl gekostet hatte. Bestimmt mehr, als ich jemals investiert hätte, und ich würde es auch bestimmt nicht nur wegen Sondra wieder rausreißen. Wie lange sie wohl noch für die Gartentour verantwortlich sein würde?

Als wir um das Haus herum zum Ausgang gingen, riss Lois gerade ein mit roten Strichen bedecktes Papier in Fetzen und starrte Sondra finster hinterher, deren Taftrock in der Sonne leuchtete, als sie die Straße entlang raschelte.

Das nächste Haus wurde von einer hohen Mauer abgeschirmt. Von draußen war kein Garten zu sehen, nur Gras und ein paar große Bäume.

Drinnen jedoch fand ich zu meiner Überraschung achttausend Quadratmeter Grundstück vor.

Es war, als hätte ich einen geheimen Garten betreten. Bei Elaine gab es einfach alles – einen klassischen Rosengarten mit gepflegten Wegen, einen Kräutergarten nach elisabethanischem Vorbild, bunte Staudenbeete, einen Steingarten, der noch nicht ganz fertig war, einen kleinen Teich, einen klassischen Irrgarten und einen japanischen Garten. Elaine war wirklich mit aller Leidenschaft dabei; eine Frau, für die der Garten das Wichtigste in ihrem Leben war. Bestimmt war das Gärtnern für sie kein Hobby sondern Berufung.

„Lauf hier doch nicht mit offenem Mund herum, Schatz. Hörst du mir auch zu? Siehst du diese Rosen? Solche könntest du auch im Garten haben. Schmeiß die grässlichen roten Steine raus und pflanze Rosen. Es gibt so viele Sorten. Etliche davon sind in unserem Klima winterhart. Natürlich musst du dich um sie kümmern. Rosen brauchen viel Pflege. Aber das würdest du schaffen, wenn du es nur wirklich wolltest."

Ich nickte bloß und stahl mich in den japanischen Garten davon. Ein Oval glatter weißer Kiesel, zwei riesengroße graue Flusssteine und eine steinerne Bank. Daneben stand eine Harke in einem verzierten Ständer. Elaine hatte ein Muster in die Kiesel geharkt, einfache Linien, die von einem Flussstein zum nächsten führten, hinter ihnen eine Schleife bildeten und sich an der Bank wieder vereinigten. Das war mein Garten. Ein Garten des Friedens. Ein Garten ohne Unkraut, ohne Verziehen, Umpflanzen, Schädlingsbekämpfung. Ich könnte die roten Steine herausnehmen und sie durch weiße Kiesel ersetzen. Sondra stampfte durch die Kiesel und zerstörte dabei das Muster. „Ich hab ihr gleich gesagt, das ist nicht gut genug. Blumen will ich haben! Die Leute wollen sich doch keine Steine ansehen. Außerdem habe ich ihr gesagt, der Steingarten muss heute fertig sein, und sie soll den Minibagger da wegschaffen. Die Leute wollen sich doch keine Baustellenfahrzeuge ansehen." Sie kritzelte mehrere rote Striche auf den Zettel auf ihrem Klemmbrett und stampfte weiter in Richtung Elaine, die am anderen Ende des Gartens Geräte in einem Schuppen verstaute.

„Hör auf zu träumen, Schatz, und sieh dir diesen Steingarten an. So etwas könntest du auch haben. Sieh nur, sie hat hier gegraben, damit eine Vertiefung entsteht und sie einen kleinen Hang für den Steingarten aufschütten kann. Anfangs war ihr Garten genauso flach wie deiner. Auf dieser Seite ist sie schon fertig. Siehst du den Phlox, die Glockenblumen und die Primeln? Du könntest dir ein paar Steine besorgen und in deiner Einfahrt einen interessanten Garten anlegen."

Wieder rechnete ich im Geist alles durch. Lastwagenladungen voller Steine und die mehrtägige Leihgebühr für den Minibagger, um das Loch zu graben und die Steine zu bewegen. Für einen Menschen allein waren sie zu schwer. Eine riesige Summe tauchte vor meinem geistigen Auge auf. „Komm und sieh dir den Teich an, Schatz. So was könntest du auch machen. Mit ein paar Pumpen würdest du bestimmt genug Wasser reinkriegen. Wenn du in der Mitte deines Rasens ein Loch gräbst, sieht das bestimmt sehr schick aus. Ich frage mich, was Elaine wohl als nächstes vorhat." Ich sah zu Elaine hinüber, die eine große Mistgabel in der Hand hatte und mit wilder Entschlossenheit ihren Komposthaufen umschichtete. Ein Stückchen geblümten Tafts blitzte zwischen den Gartenabfällen auf, aber schnell hatte sie es bedeckt. "Elaine braucht den Minibagger bestimmt noch, um den Steingarten fertig zu stellen. Und dann arbeitet sie den Kompost ein, damit alles gut anwächst."

Ich ging zu dem japanischen Garten zurück, nahm die Harke und glättete die Kiesel, durch die Sondra gestapft war. Ich harkte das Muster so sorgfältig hinein, wie es mir aus der Erinnerung möglich war, und stellte den Frieden wieder her. Niemand würde je erfahren, dass Sondra hier gewesen war.

"Komm her und sieh dir diesen Irrgarten an", sagte Mom. "So etwas könntest du auch bei dir machen. Es sind bloß ein paar Hecken und ein Muster. Hörst du mir auch zu, Schatz?"

Vicki Cameron

Gartenspuk

Gartenspuk

Daheim noch war es; spät am Nachmittag. Im Steinhof unterm Laub des Eschenbaums ging schon der Zank der Sperlinge zur Ruh; ich, an der Hoftür, stand und lauschte noch, wie Laut um Laut sich mühte und entschlief. Der Tag war aus; schon vom Levkojenbeet im Garten drüben kam der Abendduft; die Schatten fielen; bläulich im Gebüsch wie Nebel schwamm es. Träumend blieb ich stehn, gedankenlos, und sah den Steig hinab; und wieder sah ich – und ich irrte nicht – tief unten, wo im Grund der Birnbaum steht, langsam ein Kind im hohen Grase gehen; ein Knabe schien's, im grauen Kittelchen. Ich kannt es wohl, denn schon zum öftern Mal sah dort im Dämmer ich so holdes Bild; die Abendstille schien es herzubringen, doch näher tretend fand man es nicht mehr. Nun ging es wieder, stand und ging umher, als freu' es sich der Garteneinsamkeit. – Ich aber, diesmal zu beschleichen es, ging leise durch den Hof und seitwärts dann im Schatten des Holunderzauns entlang, sorgsam die Schritte messend; einmal nur nach einer Erdbeerranke bückt ich

mich, die durch den Weg hinausgelaufen war. Schon schlüpft ich bei der Geißblattlaube durch; ein Schritt noch ums Gebüsch, so war ich dort, und mit den Händen musst ich's greifen können. Umsonst! – Als ich den letzten Schritt getan, da war es wieder wie hinweggetäuscht. Still stand das Gras, und durch den grünen Raum flog surrend nur ein Abendschmetterling; auch an den Linden, an den Fliederbüschen, die ringsum standen, regte sich kein Blatt. Nachsinnend schritt ich auf dem Rasen hin und suchte töricht nach der Füßchen Spur und nach den Halmen, die ihr Tritt geknickt; dann endlich trat ich aus der Gartentür, um draußen auf dem Deich den schwülen Tag mit einem Gang im Abendwind zu schließen. Doch als ich schon die Pforte zugedrückt, den Schlüssel abzog, fiel ein Sonnenriss, der in der Planke war, ins Auge mir; und fast unachtsam lugte ich hindurch. Dort lag der Rasen, tief im Schatten schon. Und sieh! Da war es wieder, unweit ging's, Grasrispen hatt es in die Hand gepflückt; ich sah es deutlich ... In sein blass Gesichtchen fiel schlicht das Haar; die Augen sah man nicht, sie blickten erdwärts, gern, so schien's, betrachtend, was dort geschah; doch lächelte der Mund. Und nun an einem Eichlein kn](') es hin, das spannenhoch kaum aus dem Grase sah – vom Walde hatt ich jüngst es heimgebracht – und legte sacht ein welkes Blatt beiseit und strich liebkosend mit der Hand daran. Darauf – kaum nur vermocht ich's zu erkennen; denn Abend ward es, doch ich sah's genau – ein Käfer klomm den zarten Stamm hinauf, bis endlich er das höchste Blatt erreicht; er hatte wohl den heißen Tag verschlafen und rüstete sich nun zum Abendflug. Rückwärts die Händchen ineinanderlegend, behutsam sah das Kind auf ihn herab. Schon putzte er die Fühler, spannte schon die Flügeldecken aus, ein Weilchen, und nun flog er fort. Da nick' es still ihm nach. Ich aber dachte: „Rühre nicht daran!" Hob leis die Stirn und ging den Weg hinab, den Garten lassend in so holder Hut. Nicht merkt ich, dass einsam die Wege wurden, dass feucht vom Meere strich die Abendluft; erfüllet ganz von süßem Heimgefühl, ging weit ich in die Dunkelheit hinaus. Da fiel ein Stern; und plötzlich mahnt' es mich des Augenblicks, da ich das Haus verließ, die Hand entreißend einer zarteren, die drin im Flur mich festzuhalten strebte; denn schon selbander hausete ich dort. – Nun ging ich raschen Schritts den Weg zurück; und als ich spät, da schon der Wächter rief, heimkehrend wieder durch den Garten schritt,

hing stumm die Finsternis in Halm und Zweigen, die Kronen kaum der Bäume rauschten leis. Vom Hause her nur, wo im Winkel dort der Nussbaum vor dem Kammerfenster steht, verstohlen durch die Zweige schien ein Licht. Ein Weilchen noch, und sieh ein Schatten fiel, ein Fenster klang, und in die Nacht hinaus rief eine Stimme: „Bist du's?" – „Ja, ich bin's!" Die Zeit vergeht; längst bin ich in der Fremde, und Fremde hausen, wo mein Erbe steht. Doch bin ich einmal wieder dort gewesen; mir nicht zur Freude und den andern nicht. Einmal auch in der Abenddämmerung geriet ich in den alten Gartenweg. Da stand die Planke; wie vor Jahren schon hing noch der Linden schön Gezweig herab; von drüben kam Resedaduft geweht, und Dämmrungsfalter flogen durch die Luft. Ging's noch so hold dort in der Abendstunde? – Fest und verschlossen stand die Gartentür; dahinter stumm lag die vergangne Zeit. Ausstreckt ich meine Arme; denn mir war, als sei im Rasen dort mein Herz versenkt. – Da fiel mein Aug auf jenen Sonnenriss, der noch, wie ehmals, ließ die Durchsicht frei. Schon hatt ich zögernd einen Schritt getan; noch einmal blicken wollt ich in den Raum, darin ich sonst so festen Fußes ging. Nicht weiter kam ich. Siedend stieg mein Blut, mein Aug ward dunkel; Grimm und Heimweh stritten sich um mein Herz; und endlich, leidbezwungen, ging ich vorüber. Ich vermocht es nicht.

Theodor Storm

Mein Garten –

Mein Garten

Schön ist mein Garten mit den goldnen Bäumen,
den Blättern, die mit Silbersäuseln zittern,
dem Diamantentau, den Wappengittern,
dem Klang des Gong, bei dem die Löwen träumen,
die ehernen, und den Topasmäandern
und der Voliere, wo die Reiher blinken,
die niemals aus dem Silberbrunnen trinken …

So schön: Ich sehn mich kaum nach jenem andern,
dem andern Garten, wo ich früher war.
Ich weiß nicht wo … Ich rieche nur den Tau,
den Tau, der früh an meinen Haaren hing,
den Duft der Erde weiß und feucht und lau,
wenn ich die weichen Beeren suchen ging …
In jenem Garten, wo ich früher war …

Hugo von Hofmannsthal

Das Treibhaus

Monsieur und Madame Lerebour waren gleichaltrig. Monsieur aber wirkte jünger, obwohl er von den beiden der Verbrauchtere war. Sie wohnten bei Mantes auf einem hübschen Landsitz, den sie sich eingerichtet hatten, nachdem sie durch den Handel mit Stoffen zu Vermögen gekommen waren. Das Haus war von einem schönen Garten umgeben, darin ein Hühnerhof, chinesische Kioske und, ganz am Ende des Besitzes, ein kleines Treibhaus Platz fanden.

Monsieur Lerebour war klein, rundlich und umgänglich, von der Umgänglichkeit des Krämers, der sich's wohl gehen lässt. Seine Frau, mager, eigenwillig und immer verdrossen, war nicht imstande gewesen, die gute Laune ihres Mannes zu besiegen. Sie färbte sich die Haare, las manchmal Romane, die ihrer Seele Träume vorgaukelten, wenn sie auch so tat, als hätte sie für solches Geschreibsel nur Verachtung. Man hielt sie für leidenschaftlich, ohne dass sie je etwas getan hatte, um diese Meinung zu bekräftigen. Ihr Gatte sagte aber manchmal: „Meine Frau, das ist ein Weibsstück!" Und das sagte er mit einem gewissen Zwinkern, das allerlei Vermutungen weckte.

Seit einigen Jahren erwies sie sich immerhin Monsieur Lerebour gegenüber heftig, immer gereizt, hart, als nagte ein geheimer, uneingestandener Kummer an ihr. Daraus erwuchs eine gewisse Misshelligkeit. Sie redeten kaum miteinander, und Madame, die Palmyre hieß, überhäufte Monsieur, der Gustave hieß, beständig mit unfreundlichen Redensarten, kränkenden Anspielungen, scharfen Worten, und das alles ohne sichtbaren Grund.

Er unterwarf sich verärgert, aber dennoch wohlgelaunt, denn er besaß einen solchen Vorrat an Zufriedenheit, dass er sich eben mit diesen Quälereien abfand. Trotzdem fragte er sich, welcher unbekannte Grund seine Gefährtin immer stärker verbittern konnte, denn er spürte wohl, dass ihre Gereiztheit eine verborgene Ursache hatte, die aber so schwer zu erkunden war, dass all seine Mühe erfolglos blieb. Häufig fragte er sie: „Ich bitte dich, mein Kind, sag mir doch, was du gegen mich hast! Ich fühle, dass du mir irgendwas verheimlichst."

Unabänderlich gab sie zur Antwort: „Gar nichts habe ich, absolut nichts. Und übrigens, wenn ich irgendeinen Anlass zur Unzufriedenheit hätte, wäre es doch deine Sache, das zu erraten. Ich mache mir nichts aus den Männern, die nichts verstehen, die so gleichgültig und unfähig sind, dass man ihnen zur Hilfe kommen muss, damit sie auch nur die einfachsten Dinge begreifen." Entmutigt brummte er: „Ich sehe schon, dass

du nicht reden willst." Und er ging und zerbrach sich den Kopf über das Mysterium. Vor allem die Nächte wurden für ihn sehr peinlich; denn sie teilten immer noch dasselbe Bett, wie man das in den guten, einfachen Ehen tut. Und da gab es keine Bosheit, die sie ihm erspart hätte. Sie wählte den Augenblick, da sie sich nebeneinander ausstreckten, um ihn mit ihren heftigsten Verhöhnungen zu überschütten. So warf sie ihm insbesondere vor, dass er dick wurde.

„Du nimmst ja den ganzen Platz ein, so fett wirst du. Und du schwitzt mir den Rücken voll wie ausgelassener Speck. Wenn du glaubst, dass das ein Vergnügen für mich ist!"

Unter dem geringsten Vorwand zwang sie ihn aufzustehn, schickte ihn hinunter, um eine Zeitung zu holen, die sie vergessen hatte, oder die Flasche mit Orangenblütenwasser, die er nicht fand, weil sie sie versteckt hatte. Und dann rief sie wütend und mit scharfem Spott: „Du müsstest doch wissen, wo man das findet, du dicker Tölpel!"

Wenn er dann eine Stunde lang in dem schlafenden Haus umhergeirrt und mit leeren Händen wiedergekommen war, beschränkte ihre Dankbarkeit sich auf die Worte: „Na, leg dich eben wieder nieder, da wirst du etwas von deinem Fett loswerden, wenn du ein wenig spazieren gehst. Du wirst ja schlaff wie ein Schwamm!"

Immer wieder weckte sie ihn, behauptete, sie leide an Magenkrämpfen, und verlangte, er solle ihr mit einem in Kölnisch Wasser getauchten Tuch den Bauch einreiben. Er gab sich alle Mühe, ihr zu helfen, denn sie krank zu sehen, brachte ihn zur Verzweiflung. Und er schlug vor, Céleste zu wecken, das Dienstmädchen. Da aber geriet sie ganz außer sich und schrie: „Was muss das für ein Trottel sein, dieser dicke Puter! Genug. Es ist vorüber, ich habe keine Schmerzen mehr, schlaf nur wieder ein, du Jammerlappen!"

„Bist du auch ganz sicher, dass es nicht mehr weh tut?", fragte er.

Und sie warf ihm hart die Antwort ins Gesicht: „Ja, schweig! Lass mich schlafen! Langweil mich nicht! Du kannst überhaupt nichts tun! Nicht einmal eine Frau einreiben!"

„Aber … mein Schatz …", stotterte er unglücklich.

„Kein Aber!", rief sie erbittert. „Genug! Verstanden? Lass mich in Frieden, jetzt …"

Und sie drehte sich zur Wand.

Eines Nachts aber schüttelte sie ihn so heftig, dass er erschrak und mit einer bei ihm ungewöhnlichen Schnelligkeit auffuhr.

„Was … was gibt's denn …?", stotterte er.

Sie hielt ihn beim Arm und kniff ihn, dass er beinahe

Das Treibhaus

aufschrie. Und dann flüsterte sie ihm ins Ohr: „Ich habe ein Geräusch im Haus gehört!"

An die häufigen Störungen gewöhnt, regte er sich nicht besonders auf und fragte gelassen: „Was für ein Geräusch, meine Liebe?"

Sie zitterte wie von Sinnen. „Geräusch … ein Geräusch … ein Geräusch von Schritten … es muss jemand da sein."

Er blieb ungläubig. „Jemand? Glaubst du wirklich? Aber nein, du musst dich irren. Wer soll es denn sein?"

Sie bebte. „Wer? Wer? Diebe natürlich, du Dummkopf!"

Er ließ sich behaglich ins Bett sinken. „Aber nein, mein Schatz, es ist niemand da. Das musst du bestimmt geträumt haben."

Da warf sie die Decke zurück und sprang empört aus dem Bett. „Du bist also ebenso feig, wie du unfähig bist! Ich werde mich jedenfalls deiner erbärmlichen Verzagtheit wegen nicht abmurksen lassen."

Damit ergriff sie die Feuerzange vom Kamin und stellte sich kampfbereit hinter die verriegelte Türe. Dieses Beispiel von Tapferkeit rührte ihn, beschämte ihn vielleicht, auch er stand verdrossen auf, griff, ohne die Nachtmütze abzunehmen, nach der Schaufel und stellte sich seiner Frau gegenüber auf. So warteten sie zwanzig Minuten in tiefstem Schweigen. Kein neues Geräusch störte den Frieden des Hauses.

Dann stieg Madame erbost wieder ins Bett und erklärte: „Ich bin trotzdem überzeugt, dass irgendwer dagewesen war."

Um jeden Zank zu vermeiden, unterließ er tagsüber alle Anspielungen auf ihre Angst.

Doch in der nächsten Nacht weckte Madame Lerebour ihren Mann noch heftiger als in der Nacht zuvor und keuchte: „Gustave, Gustave, eben ist die Gartentüre geöffnet worden."

Diese Beharrlichkeit überraschte ihn, schon glaubte er, seine Frau sei zur Nachtwandlerin geworden, schon wollte er sie aus diesem gefährlichen Schlummer aufrütteln, als er selber tatsächlich ein leises Geräusch an der Mauer des Hauses zu hören glaubte.

Er stand auf, eilte ans Fenster und sah, ja er sah einen weißen Schatten, der schnell über einen Gartenweg lief.

Halb ohnmächtig flüsterte er: „Ja, es ist jemand!"

Dann aber fasste er sich, raffte sich auf, und mit einem Mal von dem jähen Zorn des Hausherrn gepackt, in dessen Besitz man eindringt, erklärte er: „Wartet nur, wartet nur! Ihr sollt was erleben!" Er stürzte zu seinem Schreibtisch, öffnete ihn, nahm den Revolver heraus und hastete ins Treppenhaus. Seine Frau folgte ihm entsetzt und schrie: „Gustave, Gustave, verlass mich nicht, lass mich nicht allein! Gustave! Gustave!"

Doch er hörte nicht mehr; er hatte schon die Gartentüre erreicht. Da stieg sie schnell wieder hinauf und verbarrikadierte sich im ehelichen Schlafgemach. Sie wartete fünf Minuten, zehn Minuten, eine Viertelstunde. Eine tolle Angst überwältigte sie. Zweifellos hatten sie ihn gepackt, geknebelt, erdrosselt. Lieber wäre es ihr gewesen, wenn sie die sechs Schüsse des Revolvers gehört, gewusst hätte, dass er kämpfte, dass er sich wehrte. Doch dieses tiefe Schweigen, diese furchtbare Stille des Landes brachte sie völlig aus der Fassung. Sie läutete Céleste. Céleste kam nicht, antwortete nicht. Sie läutete noch einmal, ihr Herzschlag setzte aus, sie fühlte, wie ihr Bewusstsein verschwand. Doch das ganze Haus blieb stumm.

Sie heftete die brennende Stirne an die Fensterscheibe, bemühte sich, die Finsternis draußen mit ihrem Blick zu durchdringen. Doch sie unterschied nichts als die schwarzen Schatten des Buschwerks neben den grauen Spuren der Wege.

Es schlug halb zwölf. Seit fünfundvierzig Minuten war ihr Mann jetzt fort! Sie würde ihn nie wieder sehen! Nein, bestimmt würde sie ihn nie wieder sehen! Schluchzend sank sie auf die Knie.

Zwei leichte Schläge an die Zimmertüre ließen sie jäh auffahren.

Monsieur Lerebour rief: „Mach doch auf, Palmyre, ich bin's."

Sie sprang zur Türe, öffnete sie und stand, die Fäuste in die Hüften gestemmt, die Augen noch voller Tränen, vor ihm: „Wo kommst du her, du miserabler Schuft! Du lässt mich da allein, damit ich vor Angst krepiere, ja? Du machst dir keine Sorgen um mich? Als ob ich nicht vorhanden wäre …?"

Er hatte die Türe geschlossen; und er lachte, er lachte wie ein Verrückter, die beiden Wangen waren von seinem Mund gespalten, die Hände hatte er auf dem Bauch, und seine Augen waren feucht. Madame Lerebour verstummte benommen.

Er stammelte: „Es war … es … Céleste, die ein … Rendezvous im Treibhaus hatte … wenn du wüsstest, was ich … was ich … was ich gesehen habe …"

Sie war blass geworden, erstickte fast vor Entrüstung.

„Was? Was sagst du da? Céleste? Bei mir? In meinem … meinem … meinem Treibhaus? Und du hast den Mann nicht getötet, den Mitschuldigen? Du hattest einen Revolver, und du hast ihn nicht erschossen … bei mir … bei mir …"

Sie setzte sich, ihre Kräfte versagten.

Er hopste hoch auf, seine Finger klapperten wie Kastagnetten, er schnalzte mit der Zunge und lachte noch immer: „Wenn du wüsstest … wenn du wüsstest …"

Mit einem Male umarmte er sie. Sie entzog sich ihm. Und stockend vor Wut stieß sie hervor: „Ich will nicht, dass dieses Frauenzimmer auch nur einen Tag länger bei mir bleibt, hörst du? Nicht einen Tag … nicht eine Stunde. Sobald sie kommt, werfen wir sie hinaus!"

Monsieur Lerebour hatte seine Frau umfangen und pflanzte ihr eine Reihe von Küssen auf den Hals, schmatzende Küsse wie einst. Und sie verstummte, die Überraschung lähmte sie. Er aber hielt sie mit beiden Armen an sich gepresst und schob sie sachte zum Bett …

Am nächsten Morgen, um halb zehn, kam Céleste, erstaunt, weil sie das Ehepaar noch nicht gehört hatte, das sonst immer sehr früh aufstand, und klopfte leise an die Türe. Sie lagen da, Seite an Seite, und unterhielten sich in bester Stimmung. Das Dienstmädchen blieb wie angewurzelt stehn.

„Madame, der Kaffee ist fertig."

Mit sanfter, sehr sanfter Stimme erwiderte Madame Lerebour: „Bring ihn nur her, mein Kind. Wir sind ein wenig müde, wir haben sehr schlecht geschlafen."

Kaum war das Dienstmädchen fort, als Monsieur Lerebour wieder zu lachen begann, seine Frau kitzelte und immer wieder sagte: „Wenn du wüsstest! Ach, wenn du wüsstest!"

Aber sie nahm seine Hände. „Bleib doch ruhig, mein Schatz. Wenn du so lachst, könnte es dir schaden." Und sie küsste ihn sacht auf die Augen.

Madame Lerebour ist nicht mehr übellaunig. In klaren Nächten schleichen die beiden Gatten manchmal heimlich an Gebüsch und Beeten entlang bis zu dem kleinen Treibhaus am Ende des Gartens. Und da bleiben sie, aneinandergedrückt, die Gesichter an den Scheiben, als gäbe es dort drin etwas Seltsames, etwas sehr Interessantes zu sehen.

Sie haben Célestes Lohn erhöht.

Monsieur Lerebour ist magerer geworden.

Guy de Maupassant

Das Treibhaus

Gartenglück

Ich habe die Bäume vor vierzig Jahren alle eigenhändig gepflanzt,

ich habe die Freude gehabt, sie heranwachsen zu sehen,

und genieße nun schon seit geraumer Zeit die Erquickung ihres Schattens.

Das Laub dieser Eichen und Buchen ist der mächtigsten Sonne undurchdringlich.

Ich sitze hier gerne an warmen Sommertagen nach Tische,

wo denn auf diesen Wiesen und auf dem ganzen Park umher oft eine Stille herrscht,

von der die Alten sagen würden, dass Pan schlafe.

Johann Wolfgang von Goethe

Weit und schön

Weit und schön ist die Welt,
doch o wie dank ich dem Himmel,
dass ein Gärtchen beschränkt,
zierlich mein Eigen gehört.

Bringet mich wieder nach Hause!
Was hat ein Gärtner zu reisen?
Ehre bringt's ihm und Glück,
wenn er sein Gärtchen versorgt.

Johann Wolfgang von Goethe

Dornröschen

Vor Zeiten war ein König und eine Königin, die sprachen jeden Tag: „Ach, wenn wir doch ein Kind hätten!", und kriegten immer keins.

Da trug es sich zu, als die Königin einmal im Bade saß, dass ein Frosch aus dem Wasser ans Land kroch und zu ihr sprach: „Dein Wunsch wird erfüllt werden, ehe ein Jahr vergeht, wirst du eine Tochter zur Welt bringen."

Was der Frosch gesagt hatte, das geschah und die Königin gebar ein Mädchen, das war so schön, dass der König vor Freude sich nicht zu lassen wusste und ein großes Fest anstellte. Er lud nicht bloß seine Verwandte, Freunde und Bekannte, sondern auch die weisen Frauen dazu ein, damit sie dem Kind hold und gewogen wären.

Es waren ihrer dreizehn in seinem Reiche, weil er aber nur zwölf goldene Teller hatte, von welchen sie essen sollten, so musste eine von ihnen daheim bleiben.

Das Fest ward mit aller Pracht gefeiert und als es zu Ende war, beschenkten die weisen Frauen das Kind mit ihren Wundergaben: Die eine mit Tugend, die andere mit Schönheit, die dritte mit Reichtum und so mit allem, was auf der Welt zu wünschen ist.

Als Elfe ihre Sprüche eben getan hatten, trat plötzlich die Dreizehnte herein. Sie wollte sich dafür rächen, dass sie nicht eingeladen war und ohne jemand zu grüßen oder nur anzusehen, rief sie mit lauter Stimme: „Die Königstochter soll sich in ihrem fünfzehnten Jahr an einer Spindel stechen und tot hinfallen."

Und ohne ein Wort weiter zu sprechen, kehrte sie sich um und verließ den Saal. Alle waren erschrocken, da trat die Zwölfte hervor, die ihren Wunsch noch übrig hatte und weil sie den bösen Spruch nicht aufheben, sondern ihn nur mildern konnte, so sagte sie: „Es soll aber kein Tod sein, sondern ein hundertjähriger, tiefer Schlaf, in welchen die Königstochter fällt."

Der König, der sein liebes Kind vor dem Unglück gern bewahren wollte, ließ den Befehl ausgehen, dass alle Spindeln im ganzen Königreiche sollten verbrannt werden.

An dem Mädchen aber wurden die Gaben der weisen Frauen sämtlich erfüllt, denn es war so schön, sittsam, freundlich und verständig, dass es jedermann, der es ansah, lieb haben musste.

Es geschah, dass an dem Tage, wo es gerade fünfzehn Jahre alt ward, der König und die Königin nicht zu Hause waren und das Mädchen ganz alleine im Schloss zurückblieb. Da ging es aller Orten herum, besah Stuben und Kammern, wie es Lust hatte und kam endlich auch an einen alten

Turm. Es stieg die enge Wendeltreppe hinauf und gelangte zu einer kleinen Türe. In dem Schloss steckte ein Schlüssel und als es ihn umdrehte, sprang die Türe auf und es saß da in einem kleinen Stübchen eine alte Frau mit einer Spindel und spann emsig ihren Flachs.

„Guten Tag, du altes Mütterchen", sprach die Königstochter, „was machst du da?"

„Ich spinne", sagte die Alte und nickte mit dem Kopf. „Was ist das für ein Ding, das so lustig herumspringt?", sprach das Mädchen, nahm die Spindel und wollte auch spinnen. Kaum hatte sie aber die Spindel angerührt, so ging der Zauberspruch in Erfüllung und sie stach sich damit in den Finger. In dem Augenblick aber, wo sie den Stich empfand, fiel sie auf das Bett nieder, das da stand und lag in einem tiefen Schlaf. Und dieser Schlaf verbreitete sich über das ganze Schloss: Der König und die Königin, die eben heimgekommen waren und in den Saal getreten waren, fingen an, einzuschlafen und der ganze Hofstaat mit ihnen. Da schliefen auch die Pferde im Stall, die Hunde im Hof, die Tauben auf dem Dache, die Fliegen an der Wand, ja, das Feuer, das auf dem Herd flackerte, ward still und schlief ein und der Braten hörte auf zu brutzeln. Und der Koch, der den Küchenjungen, weil er etwas versehen hatte, an den Haaren ziehen wollte, ließ ihn los und schlief. Und der Wind legte sich und auf den Bäumen vor dem Schloss regte sich kein Blättchen mehr. Rings um

Dornröschen

das Schloss aber begann eine Dornenhecke zu wachsen, die jedes Jahr höher und höher ward und endlich das ganze Schloss umzog und darüber hinaus wuchs, dass gar nichts mehr davon zu sehen war, selbst nicht die Fahne auf dem Dach. Es ging aber die Sage in dem Land von dem schönen, schlafenden Dornröschen, denn so ward die Königstochter genannt, also dass von Zeit zu Zeit Königssöhne kamen und durch die Hecke in das Schloss dringen wollten. Es war ihnen aber nicht möglich, denn die Dornen, als hätten sie Hände, hielten fest zusammen und die Jünglinge blieben darin hängen, konnten sich nicht wieder losmachen und starben eines jämmerlichen Todes.

Nach langen, langen Jahren kam wieder einmal ein Königssohn in das Land und hörte, wie ein alter Mann von der Dornenhecke erzählte. Es sollte ein Schloss dahinter stehen, in welchem eine gar wunderschöne Königstochter, Dornröschen genannt, schon seit hundert Jahren schliefe und mit ihr schliefe der König und die Königin und der

ganze Hofstaat. Er wusste auch von seinem Großvater, dass schon viele Königssöhne gekommen wären und versucht hätten, durch die Dornenhecke zu dringen, aber sie wären darin hängen geblieben und eines traurigen Todes gestorben. Da sprach der Jüngling: „Ich fürchte mich nicht, ich will hinaus und das schöne Dornröschen sehen." Der gute Alte mochte ihm abraten, wie er wollte, er hörte nicht auf seine Worte. Nun waren aber gerade die hundert Jahre verflossen und der Tag war gekommen, an dem Dornröschen wieder erwachen sollte. Als der Königssohn sich der Dornenhecke näherte, waren es lauter große, schöne Blumen, die taten sich von selbst auseinander und ließen ihn unbeschädigt hindurch und hinter ihm taten sie sich wieder als Hecke zusammen. Im Schlosshof sah er die Pferde und scheckigen Jagdhunde liegen und schlafen. Auf dem Dache saßen die Tauben und hatten das Köpfchen unter den Flügel gesteckt. Und als er ins Haus kam, schliefen die Fliegen an der Wand, der Koch in der Küche hielt noch die Hand, als wollte er den Jungen anpacken und die Magd saß vor dem schwarzen Huhn, das sollte gerupft werden. Da ging er weiter und sah im Saale den ganzen Hofstaat liegen und schlafen und oben bei dem Throne lag der König und die Königin. Da ging er noch weiter und alles war so still und endlich kam er zu dem Turm und öffnete die Türe zu der kleinen Stube, in welcher Dornröschen schlief. Da lag sie und war so schön, dass er die Augen nicht abwenden konnte und er gab ihr einen Kuss. Wie er es mit dem Kuss berührt hatte, schlug Dornröschen die Augen auf, erwachte und blickte ihn ganz freundlich an. Da gingen sie zusammen herab und der König erwachte und die Königin und der ganze Hofstaat und sahen einander mit grossen Augen an. Und die Pferde im Hof standen auf und rüttelten sich, die Jagdhunde sprangen und wedelten, die Tauben auf dem Dache zogen das Köpfchen unterm Flügel hervor, sahen umher und flogen ins Feld, die Fliegen an den Wänden krochen weiter, das Feuer in der Küche erhob sich, flackerte und kochte das Essen, der Braten fing wieder an zu brutzeln, der Koch gab dem Jungen eine Ohrfeige, dass er schrie, und die Magd rupfte das Huhn fertig.

Und da wurde die Hochzeit des Königssohns mit dem Dornröschen in aller Pracht gefeiert und sie lebten vergnügt bis an ihr Ende.

Brüder Grimm

Entbietung

Entbietung

Schmück dir das Haar mit wildem Mohn,
die Nacht ist da,
all ihre Sterne glühen schon.
All ihre Sterne glühn heut Dir!
Du weißt es ja:
All ihre Sterne glühn in mir!

Dein Haar ist schwarz, dein Haar ist wild
und knistert unter meiner Glut;
und wenn die schwillt,
jagt sie mit Macht
die roten Blüten und dein Blut
hoch in die höchste Mitternacht.

In deinen Augen glimmt ein Licht,
so grau in grün,
wie dort die Nacht den Stern umflicht.
Wann kommst du?! – Meine Fackeln lohn!
Lass glühn, lass glühn!
Schmück mir dein Haar mit wildem Mohn!

Richard Dehmel

Gartenfest

Und schließlich war das Wetter ideal. Sie hätten keinen makelloseren Tag für ein Gartenfest haben können, wenn sie ihn in Auftrag gegeben hätten. Windstill, warm, der Himmel ohne eine Wolke. Nur das Blau war von einem Dunst hellen Goldes verschleiert – wie es manchmal im Frühsommer vorkommt.

Der Gärtner war seit dem Morgengrauen auf, mähte den Rasen und fegte ihn, bis das Gras und die dunklen, flachen Rosetten, wo die Gänseblümchen gestanden hatten, zu glänzen schienen.

Und die Rosen – man konnte nicht umhin zu denken, sie hätten begriffen, dass Rosen die einzigen Blumen sind, die bei einem Gartenfest auf die Leute Eindruck machen, die einzigen Blumen, die jeder mit Sicherheit erkennt. Hunderte, ja buchstäblich Hunderte waren in einer einzigen Nacht aufgeblüht; die grünen Büsche neigten sich, als wären sie von Erzengeln heimgesucht worden.

Katherine Mansfield

Alice im Wunderland

Am Eingang zum Garten stand ein großer Rosenbusch, der weiße Blüten trug. Drei Gärtnerinnen waren eifrig damit beschäftigt, sie rot anzumalen. Das fand Alice sonderbar, trat neugierig näher, und als sie hinter den Gärtnerinnen stand, hörte sie die eine sagen: „Pass doch auf, Fünf! Du bespritzt mich mit der Farbe!"

„Dafür kann ich nichts!", rechtfertigte sich Fünf mürrisch. „Sieben hat mich mit dem Ellenbogen angestoßen."

Die Sieben blickte auf. „Das hab' ich gern, Fünf!", schalt sie. „Immer schiebst du anderen Leuten die Schuld in die Schuhe!"

„Du solltest lieber den Mund halten, Sieben!", brummte die Fünf. „Gestern hörte ich die Königin sagen, dass du eigentlich enthauptet werden müsstest."

„Weshalb?", fragte die Gärtnerin, die zuerst gesprochen hatte.

„Das geht dich nichts an, Zwei!", wies Sieben sie zurecht.

„Doch geht sie das was an!", widersprach die Fünf. „Und ich sag's ihr auch – weil du dem Koch Tulpenzwiebeln gebracht hast anstelle von Küchenzwiebeln."

Die Sieben warf ihren Pinsel zu Boden und platzte los: „Na, von allen Ungerechtigkeiten …"

Da fiel ihr Blick auf die hinter ihnen stehende Alice. Sie stockte, die anderen Gärtnerinnen drehten sich ebenfalls um, und alle verneigten sich tief bis zum Boden.

„Würdet ihr mir vielleicht sagen, warum ihr die Rosen anmalt?", fragte Alice schüchtern.

Die Fünf und die Sieben warfen der Zwei einen auffordernden Blick zu.

„Wissen Sie, gnädiges Fräulein", flüsterte diese, „hier sollte nämlich ein roter Rosenbusch hin, und wir haben aus Versehen einen weißen gepflanzt. Wenn die Königin das rauskriegt, werden wir alle enthauptet. Deshalb geben wir uns die größte Mühe, um fertig zu werden, bevor sie kommt, und …"

„Die Königin! Die Königin!", rief Fünf, die inzwischen ängstlich Ausschau gehalten hatte, und die drei Gärtnerinnen warfen sich sofort flach aufs Gesicht.

Alice vernahm Schritte und dreht sich gespannt um. Zuerst kamen zehn mit Piken bewehrte Soldaten. Sie bestanden – ebenso wie die Gärtnerinnen – aus Rechtecken, an deren Ecken die Arme und Beine saßen, und gingen paarweise. Das taten auch die nachfolgenden Höflinge, die mit Diamantenkreuzen und Brillantkaros geschmückt waren. Hinter ihnen hüpften – Hand

in Hand und auch zu zweit – die fröhlichen kleinen Königskinder in ihren mit Herzen besetzten Kleidchen. Den Königskindern schlossen sich die Gäste an, hauptsächlich Könige und Königinnen. Mitten unter ihnen hüpfte das Weiße Kaninchen. Es ergoss sich in einem aufgeregten Redefluss, lächelte zu jeder Bemerkung und ging an Alice vorüber, ohne sie zu erkennen. Dann kam der Herzbube; er trug auf einem purpurroten Samtkissen die Königskrone. Und am Schluss des prunkvollen Zuges kamen ... der Herzkönig und die Herzkönigin.

Ratlos überlegte Alice, ob sie dem Beispiel der drei Gärtnerinnen folgen und sich mit dem Gesicht zu Boden werfen sollte, aber sie konnte sich nicht entsinnen, irgendwo gehört zu haben, dass dies bei Festzügen Brauch ist.

„Und außerdem", sagte sie sich, „hat ein Festzug doch keinen Sinn, wenn sich die Zuschauer aufs Gesicht werfen müssen, sodass sie ihn gar nicht sehen können."

Deshalb blieb sie stehen und wartete ab.

Bei Alice angelangt, kam der Festzug ins Stocken, alle Teilnehmer starrten sie an, und die Herzkönigin fragte finster: „Wer ist das?"

Ihre Frage war an den Herzkönig gerichtet, der sich aber nur lächelnd verbeugte.

„Idiot!", schimpfte die Königin, warf ungeduldig den Kopf zurück und wandte sich Alice zu.

„Wie heißest du, Kind?"

„Alice, wenn Majestät nichts dagegen haben", erwiderte Alice mit ausgesuchter Höflichkeit.

Aber sie dachte: Ach was, das sind nur Spielkarten, vor denen brauch ich keine Angst zu haben!

„Und wer sind die?", fragte die Königin weiter und zeigte auf die drei Gärtnerinnen, die rings um den Rosenbusch auf der Erde lagen.

Da sie auf dem Bauch lagen und ihr Rücken das gleiche Muster trug wie bei den übrigen Spielkarten, konnte die Königin nicht erkennen, ob es Gärtnerinnen waren oder Soldaten oder gar drei ihrer eigenen Kinder.

„Woher soll ich das wissen?", fragte Alice zurück, verblüfft über ihre eigene Kühnheit. „Das geht mich nichts an."

Die Königin wurde knallrot vor Wut, funkelte sie mit einem Raubtierblick an und brüllte: „Schlagt ihr den Kopf ab! Schlagt ihr den ...".

„Unsinn!", widersprach Alice laut und entschieden. Die Königin verstummte.

Der König legte ihr die Hand auf den Arm.

„Bedenke doch, meine Liebe, sie ist noch ein Kind!", murmelte er schüchtern.

Zornig kehrte ihm die Königin den Rücken und befahl dem Herzbuben: „Dreh' sie um!"

Der Herzbube trat vor und drehte die Gärtnerinnen sorgfältig mit der Fußspitze auf die Vorderseite.

„Aufstehn!", befahl die Königin mit schriller Stimme. Blitzschnell sprangen die drei Gärtnerinnen auf die Beine und verneigten sich vor der Königin, dem

König und sämtlichen sonstigen Anwesenden. „Lasst das!", kreischte die Königin. „Ihr macht mich kribblig!"

Sie betrachtete den Rosenbusch. „Was habt ihr da angestellt?"

Demütig ließ sich die Zwei auf ein Knie nieder.

„Majestät zu dienen!", stammelte sie.

„Wir haben versucht ..."

„Ich seh schon!", fiel ihr die Königin scharf ins Wort. „Schlagt ihnen die Köpfe ab!"

Und während sich der Festzug wieder in Bewegung setzte, blieben drei Soldaten zurück, um die unglücklichen Gärtnerinnen hinzurichten, die bei Alice Schutz suchten.

„Ihr werdet nicht geköpft!", erklärte Alice und steckte alle drei in einen großen Blumentopf, der neben ihr stand. Die Soldaten streiften ein paar Minuten lang suchend umher und marschierten dann seelenruhig dem Festzug nach.

„Sind die Köpfe ab?", schrie die Königin.

„Zu Befehl, die Köpfe sind ab, Majestät!", schrien die Soldaten zurück.

Lewis Caroll

Das Samenkorn

Das Samenkorn

Ein Samenkorn lag auf dem Rücken,
die Amsel wollte es zerpicken.

Aus Mitleid hat sie es verschont
und wurde dafür reich belohnt.

Das Korn, das auf der Erde lag,
das wuchs und wuchs von Tag zu Tag.

Jetzt ist es schon ein hoher Baum
und trägt ein Nest aus weichem Flaum.

Die Amsel hat das Nest erbaut;
dort sitzt sie nun und zwitschert laut.

Joachim Ringelnatz

Unter Palmen so grün

Hier also war es Einst: Dass ein Rappe tänzelte, auf dieser so trügerisch grobkörnigen Salzkruste, ein Abenteuer seinen Anfang nahm, eine Bekehrung begann, die in einer Umkehrung endete, und überhaupt – Schott el Dscherid, das war ein Name, der sofort Bilder herauf beschwor.

Gluthitze, Angst vor dem Einbrechen durch die Salzschicht, Kara Ben Nemsi und Hadschi Halef Omar … in Wirklichkeit war es sieben Uhr morgens, ein kalter Wind pfiff über die grau-raue Oberfläche des Salzsees, rosa beschienen von einer müden Sonne, die auch über Paderborn hätte aufgehen können. Wie kam ich jetzt nur auf Paderborn?

Heute überquert eine befestigte Straße den See. Zum Schutz der Träume hatten sie die Markierung des alten Fußweges stehen gelassen, windschief in das grindige Salz gestoßene Pfähle, die irgendwann ins Nichts führten.

Fröstelnd zog ich meine nach zähen Verhandlungen im Souk erstandene und viel zu teure Lederjacke vor der Brust zusammen.

Dem Reisebus und dem Basar auf der Mitte der Wegstrecke wandte ich den Rücken zu; obwohl ich mich weit von der Gruppe entfernt hatte, konnte ich den Stimmen nicht entkommen. Vor allem nicht seiner. Ich wollte Pferdehufe hören, Wiehern und das gutturale Arabisch, das ich nicht verstehen, sondern nur wie Musik wahrnehmen konnte. Stattdessen hörte ich wieder seine Stimme, die das Vorhersehbare sprach: „Ich habe dir doch gesagt, du sollst etwas Vernünftiges zum Anziehen mitnehmen. Du holst dir noch den Tod in diesem Fähnchen. So, das also ist der berühmte Salzsee? Ich weiß nicht, den habe ich mir irgendwie anders vorgestellt, irgendwie – na, du weißt schon."

Ich bewunderte Ann-Marie, denn sie erwiderte nichts. Die ganze Zeit über, schon in der Sahara, war sie still gewesen. Nicht einmal einen mörderischen Blick hatte sie ihm zugeworfen, als er meckerte, dass hier ja noch nicht einmal Kamele seien, sondern nur Dromedare, und überhaupt, diesen verflohten und verlausten Burnus ziehe er nicht über, lächerlich, unhygienisch sowieso, und diese dreckigen Tücher, die die tunesischen Kamelführer den Touristen mit routinierter Fingerfertigkeit um den Kopf wanden, so etwas brauche er schon gar nicht.

„Dass du bei so einem Nepp überhaupt mitmachst, das wundert mich wirklich. Die halten ihre Viecher doch nur für uns blöde Touristen. Wüstenbewohner sind das schon lange nicht mehr, die tun doch nur so. Also, ich gehe zu Fuß."
Ann-Marie war auf ihr Dromedar geklettert, hatte

sich krampfhaft an dem hölzernen Horn des Sattels festgehalten, als das Tier sich mit zwei ruckartigen Stößen erhob. Die Beine eng gegen seine Flanken gepresst, hielt sie sich stolz und gerade, dem schaukelnden Passgang entgegen wirkend. Natürlich konnte Georg nicht mithalten, obwohl die Führer auch nur in gemächlichem Schritt vorangingen. Dieser Sand war kein Sand, er war Puder, bot keinen Widerstand, kostete Kraft, war nachgiebig und unerbittlich. Und er war so schön, von mattgoldener Farbe und unendlich weit. Sanft verwehte Oasen und zerstörtes Leben. Die Tiere spreizten ihre Zehen, ließen gurgelnde Geräusche hören oder grunzten brunftig. Stoisch schritten sie voran, drehten manchmal die Köpfe nach ihren Reitern um und glotzten Einverständnis.

Wir ließen Georg zurück, dahinstolpernd in der flirrenden Hitze, Safari-Look und teure, praktische Boots, er sah irgendwie richtig angezogen aus, schaffte es aber doch nicht.

Wenn mich jemand fragen würde, ob ich jemals Verdacht geschöpft hätte: dann in diesem Moment, als Ann-Marie, stolz, nicht zurück blickend, blind und taub für ihren Mann, mit glänzenden Augen die Massen an Touristen auf ihren Dromedaren ausblendete und in eine Ferne schaute, in der es nichts gab außer Sand. Ann-Marie sollte immer auf einem Dromedar sitzen, es steht ihr, üppig und ruhig wie sie ist; sie sollte auch immer einen Burnus tragen, der verlockend-fließend ihren Körper

mehr ahnen lässt als ihn modelliert. Steht ihr besser als die engen Jeans und das verklebte T-Shirt, das den Blick auf die grau-verwaschenen Träger freigibt und durch das man den verrutschten BH sieht, wie er in das Fleisch des Rückens schneidet. Zu viele Adjektive, ich weiß, aber wie soll ich Ann-Marie, die Stille, beschreiben, ohne zu Adjektiven Zuflucht zu nehmen? Sie sagte ja so wenig. Das übernahm dann Georg, der, als er uns endlich keuchend an unserem Rastplatz eingeholt hatte, ein Bild des Jammers bot: Sand auf der

feuchten Kopfhaut, die zwischen den spärlichen Haaren durchschimmerte, Sand im Gesicht, Sand überall. Hochroter Kopf, und alles, was er sagte, war tödlich korrekt. Dass das ja nicht die wirkliche Sahara sei, sondern nur ihr Rand. Ob wir nicht bemerken würden, dass wir diese Hunderte von Kamelführern von einem authentischen Leben im Einklang mit der Natur abhielten, denn das hier sei ja alles nicht echt. Und viel zu teuer obendrein. Die würden ja nie richtig arbeiten, wenn das Geld sich auf so leichte Weise verdienen ließe ...

Er hatte ja recht, echt war es nur in den Büchern meiner Kindheit, und das auch nur, weil der Autor nicht hier gewesen war, bevor er vor hundert Jahren diese Bücher geschrieben hatte. Ich hätte Georg erwürgen können.

Dann sprengte dieser schöne Schwarze heran, auf einem Araberfuchs, den er eine Kapriole vorführen ließ.

„Police du desert", sagte er lachend, und seine Zähne blitzten wirklich weiß auf. Er trug einen Turban, einen blauen Uniformrock mit Tressen, einen Säbel, weiße Pluderhosen und schwarze Stiefel, die vom Sand ganz grau waren. Ann-Marie und ich sahen uns an, wir lächelten und waren gerührt und ironisch.

„Un dinar, wird er gleich sagen", sagte ich.

Aber dann sagte er: „Un dinar pour mon cheval", und das gab den Ausschlag.

Obwohl seine Männlichkeit beschädigt wurde,

weil er dann auch noch einen Kopfstand auf dem Sattel des feurigen Pferdes vorführte, das erschreckt zusammenzuckte – so wie wir. Wir gaben ihm einen Dinar. Jede von uns. Und da wusste ich, dass mit Ann-Marie zu rechnen war. Denn Georg schüttelte traurig den Kopf.

„Ich verstehe die Frauen nicht. Das ist doch ein Schmarotzer. Der tut doch nichts für euer Geld. Ihr verderbt die Leute hier, wie alle Touristen."

„Was du ja nicht bist", sagte ich böse. „Oder nur ein geiziger. Außerdem ist es für das Pferd."

Alle wussten, dass das nicht stimmte, auch der schöne Schwarze, der seinen dunklen Blick hochmütig über unsere Köpfe schweifen ließ, als er das Geld entgegen nahm wie einen Tribut.

Aber sollte ich Georg sagen, dass Männer wie Georg einem noch nicht mal mehr eine Illusion lassen? Warum war er nicht in unserem Club auf Djerba geblieben, da passte er doch viel besser hin als in den Traumraum meiner Kindheit; obwohl er auch dort immer das Richtige gesagt hatte, über die ausgebeuteten einheimischen Bedienste- ten – denen er trotzdem kein Trinkgeld gab – und den ungesunden Sport bei dieser Hitze und dass Ann-Marie aufpassen sollte, bevor sie womöglich mit vollem Magen in den Pool sprang …

Dabei sprang sie gar nicht, sie glitt hinein, sanft, wie sie immer alles machte, träge wie eine dö- sende Katze.

Georg hatte sie nicht verdient. Es freute mich, dass sie mit dem sanftäugigen tunesischen Se- gellehrer einen stummen Flirt begonnen hatte, den Georg nicht bemerkte, weil er fachmännisch über Katamaran-Typen reden musste.

Einmal hob sie ihren Arm, um die Hand schüt- zend über die Augen zu halten: Irgendwo auf dem gleißenden Wasser segelte ihr Mann. Habib, der Segellehrer, kniete gerade neben ihr und sog den Geruch ein, der ihrer Achselhöhle entströmte. Das ist noch so eine Erinnerung, die vielleicht wichtig sein könnte.

Der Höhepunkt unseres Trips war dann der Pal- mengarten, die Oase von Gabès. Oase, das kannte ich. Sand, ein sanftes Tal, in der Mitte eine Wasserstelle, Palmen. Der saufende Wüstenkö- nig, scharfe Ausdünstungen, das Heulen einer Hyäne, eine klagende Flöte, einsam. Nein, auch das wäre alles falsch, wie unser vielsprachiger Führer charmant erklärte und damit noch ein Bild zerstörte, das ich liebte.

Wo eine Oase ist, ist eine Stadt. Wo sonst sollten Städte sein, wenn nicht dort, wo Wasser ist?

Logik tröstet nicht immer. Und Gabès ist eine große Stadt – er wurde immer stolzer, während mir immer dumpfer zumute wurde, zumal Georg sich räusperte, als wolle er etwas sagen. Da ich von allen Mitreisenden nur Ann-Marie mochte, musste ich Georg in Kauf nehmen. Er war immer in der Nähe.

„Drei-Etagen-Kultur", erklärte unser Führer eifrig.

„Nur dann ist es eine echte Oase, wenn es eine Drei-Etagen-Kultur gibt. Unten Getreide, Gemüse oder Futtergras, dazu Obstbäume und oben Dattelpalmen. Sie werden sehen, es ist überwältigend. Der größte Palmengarten überhaupt. Fünfundzwanzigtausend Palmen."

Ich wusste, was Georg sagen würde. Wenn nicht jetzt, dann später. Ich schloss die Augen vor dem staubgrauen Stein, dem sandigen Nichts, den Müllsackfeldern auf den öden Flächen vor der Stadt, wie sie dort vor jeder Stadt existieren. Ich kannte das schon. Ich machte sie erst wieder auf, als wir vor dem Palmengarten anhielten. Dutzende von Kutschen mit eingespannten mageren, struppigen Pferdchen warteten auf uns.

Und da war er: der Garten. Grün, so grün, so überwältigend grün nach den Tagen der toten Materie, der dürren Farben, dass einem das Herz aufging.

Ann-Marie ging entschlossen auf die erste Kutsche mit dem räudigen Rappen zu, lächelte den kleinen Kutscher an, der Goldzähne zeigte und Zahnlücken, und schwang sich in die Kutsche. Wir folgten ihr.

Ich betrachtete die Schaumblasen, die zwischen Geschirr und Pferderücken hervorquollen. Zwischen den aufmerksam spielenden Ohren des Pferdes prangte ein Bouquet von Kunststoffblumen. Die Kutsche quietschte, als wir losfuhren. Der Weg in den Garten begann mit einem Anstieg, den unser Kutscher im Galopp nahm. Die Peitsche knallte, und ich sah nicht hin, wo sie traf, denn wir waren im Paradies. Granatapfelbäume, Riesenschilf mit hellen Federbüschen, Dattelpalmen bis zum blauesten Himmel, wucherndes Grün überall, durch Palmwedelzäune sorgsam parzelliert, Grün in allen Schattierungen von Gelbgrün bis hin zum Giftgrün von Plastikrasen. Sogar grau-violetten Kohl konnte man entdecken, ein im saftigsten Dunkelgrün weidendes Rind, das erste, das ich in diesem Land gesehen hatte, üppig-krause Tabakblätter, und Schatten waren da …

Das Pferdchen keuchte, und Georg machte nur einen erträglichen Witz über den TÜV, der sich mal um die eiernden Räder unseres Gefährts kümmern sollte, dann war auch er wieder still. Wir rollten durch dieses sagenhafte Grün, und ich wusste auf einmal, dass Wasser der Ursprung ist. Nein, ich wusste es nicht, ich spürte es, das Leben schlechthin atmete dort in all dem Überfluss, verströmte sich in dem Mist aus Kameldung und dem Duft der fremdartigen Blüten.

Dann hielten wir an, und Georg sagte schließlich den Satz, den er nicht hätte sagen dürfen.

„Kapier ich nicht, was wir hier sollen, ist doch nur ein orientalischer Schrebergarten, das, oder?"

Ann-Marie, die Stille, Sanfte, ihr blondes Haar auf einmal grell vor dem ganzen Grün, ihre Augen blitzend, das erste Mal – zischte ihn an. Wie eine Schlange, ja, genau so war es.

„Jetzt reicht es. Du kannst mich mal."

Ich habe oft darüber nachgedacht, ob es wirklich diese Worte waren, die sie benutzt hat, aber das war es wohl, mehr hat sie tatsächlich nicht gesagt. Trotzdem waren wir schockiert, und als sie dann noch weglief, einfach so, da standen wir im ersten Moment wie gelähmt neben der Kutsche. Georg fasste sich dann aber und lief ihr hinterher, sportlich federnd in seinen praktischen Boots. Das war das letzte Mal, dass ich ihn gesehen habe.

Ich bin dann noch alleine durch den Garten gegangen und habe das friedlichste Bild erlebt, das man sich vorstellen kann. Drei halbverschleierte Frauen auf einer Wiese, einer richtigen Wiese, die Brot aßen und Schafskäse und Oliven, ihre Schäufelchen und Hacken neben sich im Gras liegend. Sie lachten und schwatzten, standen dann auf und bewegten sich so unbefangen, dass ich wegschlich. Dann bekam ich es noch mit einem kleinen Jungen zu tun, der mich vor bissigen Hunden, beschützen wollte, die aber gar nicht bellten, überhaupt habe ich keinen Hund dort gesehen,

und mit einer kleinen Hure, die sich eben noch bezahlen ließ, bevor sie mich ansprach. Der Junge wollte einen Dinar und die Hure Kaugummi von mir, und ich ahnte, dass es in all dem Grün noch anderes Leben gab. Wasser habe ich übrigens auch gesehen, gelbliche Pfützen in steinernen Rinnen, die rechtwinklig durch die Gärten mäanderten. Bougainvillea ist die schönste Pflanze, die ich kenne, und sie wuchert dort einfach so, unbeachtet und ungepflegt, siegreich.

Ann-Marie saß schon in der Kutsche, als ich kam, und sie sagte nicht viel, als ich nach Georg fragte: Sie habe ihn nicht gesehen, und er werde schon den Weg zurück finden. Ob ich ihn etwa vermisse? Ich antwortete wahrheitsgemäß, und so fuhren wir ohne ihn zurück.

Auch im Club tauchte er nicht mehr auf, aber Ann-Marie blieb ruhig. Als die Polizei kam, hat sie mich nicht befragt. Ich hätte auch kaum etwas gewusst, nur dass der Flirt mit Habib kein stummer mehr war und dass der Mann aus Gabès stammte. Tunesier haben ja immer sehr große Familien, und Familie bedeutet noch Etwas im Orient. Und die Oase mit ihren fünfundzwanzigtausend Dattelpalmen? So riesig, so fruchtbar, so grün? Ein wenig frisch aufgebuddelte Erde mehr oder weniger fällt da nicht auf.

Ann-Marie blieb noch eine Woche länger als ich. Wir haben keine Adressen ausgetauscht. Ich hoffe, dass sie glücklich ist.

Gabriele Wolff

Entdeckungen

Auch nach jahrzehntelangem Leben in freier Natur
werden uns immer noch
Eindrücke und Anblicke im Kleinen und Großen zuteil,
bei denen wir fühlen: Dies sehe
oder beachte ich heute zum ersten Mal.

Karl Foerster

Gartenglück

Den ganzen Tag Unkraut gejätet
und die Beete fertig gemacht
in einer eigentümlichen Art von Begeisterung,
die mich dazu brachte zu sagen:
Das ist Glück!

Virginia Woolf

Die Schöne und das Biest

Es war einmal ein Kaufmann, der hatte drei Töchter. Und da er sehr reich und zudem ein kluger Mann war, scheute er keine Kosten und ließ seine Kinder nur von den besten Lehrern unterrichten. Seine Töchter waren alle sehr schön, doch die jüngste war so schön, dass sie bereits als kleines Kind nur „die Schöne" genannt wurde, und diesen Namen trug sie auch noch, als sie heranwuchs. Das weckte die Eifersucht und den Neid ihrer Schwestern.

Die Jüngste war jedoch nicht nur schön, sondern sie besaß dazu ein gutes und freundliches Herz, während die beiden Älteren hochmütig und eitel waren. Tagaus tagein gingen diese zum Ball, ins Theater oder in den Gärten spazieren und spotteten über ihre jüngste Schwester, die ihre Zeit damit verbrachte, Bücher zu lesen.

Da im ganzen Land bekannt war, dass die Töchter sehr reich waren, hielten mehrere wohlhabende Kaufleute um ihre Hand an, aber die beiden Ältesten wollten nur einen Herzog oder wenigstens einen Grafen heiraten. Die Schöne indessen dankte allen höflich und erwiderte: „Ich bin noch zu jung und will lieber meinem Vater noch einige Jahre Gesellschaft leisten."

Eines Tages jedoch verlor der Kaufmann sein ganzes Vermögen und es blieb ihm nichts als ein kleines Landhaus weit außerhalb der Stadt, wo sie leben konnten und ihr Auskommen hatten, wenn sie wie Bauern Feldarbeit verrichteten. Seine beiden ältesten Töchter weigerten sich, die Stadt zu verlassen und glaubten, dass sie genug junge Männer kannten, die sich glücklich schätzen würden, sie auch ohne Vermögen zur Frau zu nehmen. Aber die Schwestern täuschten sich: Nun, da sie arm waren, wandten sich ihre Verehrer ab.

Die Leute verachteten die hochnäsigen Schwestern und sprachen: „Sie verdienen nicht, dass man sie beklagt! Sollen sie doch die feinen Damen spielen, während sie die Schafe hüten."

Zugleich aber sagten alle: „Die Schöne dauert uns. Sie ist ein gutes Mädchen. Sie war immer freundlich zu den Armen und sie ist warmherzig und aufrichtig!"

Es kamen sogar Edelleute, die um ihre Hand anhielten, obwohl sie keinen Heller besaß.

Aber die Schöne antwortete, dass sie ihren Vater in seinem Missgeschick nicht verlassen wolle und ihm aufs Land folgen werde.

Als sie auf ihrem Landgut angekommen waren, bestellte der Kaufmann das Feld. Die Schöne stand früh auf und befleißigte sich, den Haushalt zu besorgen. Anfangs tat sie sich schwer, denn sie war die grobe Arbeit einer Magd nicht gewöhnt. Aber nach kurzer Zeit wurde sie kräftiger und geschickter und wenn sie dann ihr Tagwerk erledigt hatte, las sie, spielte Klavier oder sang beim Spinnen.

Ihren beiden Schwestern hingegen wurde die Zeit lang: Sie standen um zehn Uhr auf, gingen den ganzen Tag spazieren und beklagten den Verlust ihrer schönen Kleider und der vergnügten Gesellschaft.

„Sieh nur unsere Schwester an", sagten sie zueinander, „sie ist so einfältig, dass sie sich mit unserer unglücklichen Lage abfindet."

Der gute Kaufmann jedoch bewunderte die Tugend seiner jüngsten Tochter und vor allem ihre Geduld, denn ihre Schwestern begnügten sich nicht damit, ihr die ganze Hausarbeit zu überlassen, sondern schalten sie noch dazu von früh bis spät.

Ein Jahr war vergangen, als der Kaufmann einen Brief erhielt, in dem ihm die Ankunft eines Schiffes mitgeteilt wurde, das ihm Ware bringen sollte.

Diese Nachricht erfreute seine ältesten Töchter, die glaubten, dass sie wieder zu Reichtum kommen

und in der Stadt leben könnten. Sie baten ihren Vater, als er sich reisefertig gemacht hatte, ihnen Kleider, Schmuck und alle möglichen Kostbarkeiten mitzubringen.

Die Schöne bat ihn um nichts, denn sie glaubte, dass der ganze Erlös der Ware niemals ausreichen würde, um die Wünsche ihrer Schwestern zu erfüllen.

„Du, Schöne, hast du denn gar keinen Wunsch?", fragte ihr Vater.

„Da Ihr die Güte habt, an mich zu denken, Vater, bitte ich Euch, mir eine Rose mitzubringen."

So machte sich der Kaufmann auf den Weg in die Stadt. Doch man machte ihm dort den Prozess wegen seiner Ware und so reiste er ebenso arm wieder zurück, wie er gekommen war. Er war nur mehr dreißig Meilen von seinem Haus entfernt, doch musste er noch einen großen Wald durchqueren und da die Nacht bereits angebrochen war, verirrte er sich darin. Es stürmte und schneite und er fürchtete, vor Hunger und Kälte zu sterben. Auf einmal sah er am Ende einer langen Allee ein Licht. Der Kaufmann dankte Gott für den Beistand und erreichte bald ein großes Anwesen, das hell erleuchtet war.

Zu seinem Erstaunen war im Hof niemand anzutreffen. Sein hungriges Pferd fand von selbst den Weg in den Stall, wo Heu und Stroh im Überfluss bereitlagen. Der Kaufmann ging ins Schloss, aber auch dort traf er auf keine Menschenseele.

In einem großen Saal loderte ein herrliches Feuer im Kamin und er sah eine Tafel mit köstlichen Speisen, die nur für eine Person gedeckt war. Weil er von Regen und Schnee durchnässt war, trat er ans Feuer, um sich zu wärmen.

Er wartete geraume Zeit, aber als es elf Uhr geschlagen hatte, ohne dass der Schlossherr gekommen war, konnte er nicht länger widerstehen und stillte seinen Hunger. Dann verließ er den Saal und ging durch viele prächtige Gemächer. Endlich fand er ein Zimmer, worin ein gutes Bett stand, und da er müde war, legte er sich schlafen.

Als er am nächsten Tag erwachte, fand er zu seinem Erstaunen an Stelle seiner alten, schmutzigen Kleider ein sauberes Gewand.

„Ganz gewiss gehört dieser Palast einer guten Fee, die Mitleid mit mir hatte", dachte er.

Dann ging er zurück in den Saal, wo er am Abend zuvor gegessen hatte und sah einen kleinen Tisch, auf dem eine Tasse Schokolade bereit stand.

„Ich danke Euch, meine gute Fee", sprach er laut, „dass Ihr an mein Frühstück gedacht habt."

Nachdem der Kaufmann sich gestärkt hatte, ging er hinaus, um sein Pferd zu holen. Er kam an einem Rosenbeet vorüber und erinnerte sich, dass die Schöne ihn um eine Rose gebeten hatte, und er brach einen Zweig ab. Im selben Augenblick hörte er einen furchtbaren Lärm und sah ein so schreckliches Tier auf sich zustürzen, dass er beinahe ohnmächtig zu Boden sank.

„Undankbarer", brüllte das Tier. „Ich habe Euer Leben gerettet, indem ich Euch in meinem Schloss aufnahm, und Ihr raubt mir meine Rosen, die mir teurer sind als alles auf der Welt. Dafür sollt Ihr sterben. Ich gebe Euch eine Viertelstunde Zeit, um Gottes Erbarmen zu erflehen."

Der Kaufmann fiel auf die Knie, rang die Hände und sprach: „Herr, verzeiht mir, ich wollte Euch nicht kränken, als ich eine Rose für eine meiner Töchter brach, die mich darum gebeten hatte."

„Nennt mich nicht Herr", antwortete ihm das Ungeheuer, „sondern Tier. Ich liebe Schmeicheleien nicht. Ich will, dass man sagt, was man denkt. Doch Ihr habt Töchter? Nun, so will ich Euch verschonen, wenn eine Eurer Töchter freiwillig hierherkommt, um an Eurer Stelle zu sterben. Widersprecht nicht, sondern geht! Und wenn Eure Töchter sich weigern, so schwört, dass Ihr in drei Monaten wiederkommen werdet."

Der gute Mann war nicht willens, eine seiner Töchter diesem garstigen Untier zu opfern, aber er dachte: „So werde ich sie wenigstens noch einmal umarmen können." Er schwor also zurückzukommen und das Tier stimmte schließlich zu, dass er gehen könne. „Aber", setzte es hinzu, „ich will nicht, dass Ihr mit leeren Händen geht. Im Schloss werdet Ihr eine große Truhe finden. Ihr könnt alles hineinlegen, was Euch beliebt und ich werde sie sobald wie möglich in Euer Haus bringen lassen."

Mit diesen Worten verschwand das Tier und der Kaufmann dachte: „Wenn ich auch sterben muss, so werde ich wenigstens meinen armen Kindern etwas hinterlassen."

Er füllte die Truhe mit Gold und Edelsteinen, schloss sie zu, holte sein Pferd aus dem Stall und machte sich traurig auf den Heimweg.

Seine Töchter begrüßten ihn freudig, doch als er sie umarmte, brach er in Tränen aus. Er hielt den Rosenzweig, gab ihn der Schönen und sagte: „Hier, nimm diese Rosen, sie werden deinen unglücklichen Vater teuer zu stehen kommen."

Und er erzählte seinen Kindern, welches Unglück über ihn gekommen war. Als sie die Geschichte hörten, erhoben die beiden ältesten ein großes Geschrei und schimpften und schmähten die Schöne, da sie nicht weinte.

„Da sieht man den Hochmut dieser elenden Kreatur", sagten sie.

„Warum verlangte sie denn keine Kleidung wie wir? Aber nein, Mademoiselle wollte etwas Besonderes haben. Sie wird unserem Vater den Tod bringen und sie weint nicht einmal."

„Warum sollte ich meinen Vater beweinen", erwiderte die Schöne. „Er wird nicht sterben. Da das Ungeheuer eine seiner Töchter annehmen will, werde ich zu ihm gehen. Und ich bin glücklich, meinen Vater dadurch zu retten und ihm meine Liebe beweisen zu können."

Der Kaufmann lehnte zwar das Opfer ab, aber die

Schöne duldete keine Widerrede: „Besser, das Ungeheuer frisst mich, als dass ich vor Kummer über Euren Tod sterbe", sagte sie.

Der Kaufmann war von seinem Schmerz so erfüllt, dass er nicht an den Koffer voller Gold dachte. Doch als er in seine Kammer kam, staunte er, ihn dort vorzufinden. Er beschloss, seinen Kindern nichts davon zu sagen, weil seine ältesten Töchter gern wieder in die Stadt ziehen wollten; er jedoch hatte vor, auf diesem Landgut zu sterben.

Als die Schöne mit ihrem Vater abreiste, rieben sich die beiden boshaften Schwestern die Augen mit einer Zwiebel, um zu weinen und der Kaufmann war aus tiefstem Herzen betrübt. Nur die Schöne weinte nicht, weil sie seinen Schmerz nicht noch steigern wollte.

Das Pferd nahm den Weg zum Schloss, und gegen Abend sahen sie es hell erleuchtet wie das erste Mal. Der Kaufmann ging mit seiner Tochter in den großen Saal, wo sie eine prächtig angerichtete Tafel vorfanden, die für zwei Personen gedeckt war. Der Vater hatte nicht das Herz zu essen, aber die Schöne, die sich zwang, ruhig zu erscheinen, setzte sich zu Tisch und bediente ihn und sich selbst.

Als sie gegessen hatten, hörten sie großen Lärm, und der Kaufmann nahm unter Tränen von seiner Tochter Abschied, denn er dachte, das Tier käme jetzt, um sie zu fressen. Die Schöne erschrak, als sie die schreckliche Gestalt sah, aber sie fasste sich, so gut sie konnte, und als das Ungeheuer sie fragte, ob sie freiwillig hergekommen sei, sagte sie mit zitternder Stimme: „Ja."

„Ihr seid sehr gütig", sagte das Tier, „und ich bin Euch äußerst dankbar. Ihr aber, guter Mann, reist morgen früh heim, und lasst es Euch nicht einfallen, je wieder hierher zu kommen – lebt wohl, Schöne."

„Lebt wohl, Tier", antwortete sie und das Tier verschwand.

„Ach, liebe Tochter", sagte der Kaufmann, indem er die Schöne umarmte, „ich bin halb tot vor Entsetzen. Folge meinem Rat und lass mich hier bleiben."

Doch die Schöne wollte davon nichts wissen. Sie legten sich nieder und glaubten, die ganze Nacht nicht schlafen zu können. Aber bald fielen ihnen die Augen zu und im Traum sah die Schöne eine Fee, die zu ihr sprach: „Ich freue mich über dein gutes Herz, Schöne. Dass du dein Leben für das deines Vaters hingeben willst, soll nicht unbelohnt bleiben."

Als ihr Vater am nächsten Morgen abgereist war, setzte sich die Schöne in den großen Saal und begann zu weinen, denn sie war fest überzeugt, dass das Tier sie am Abend auffressen würde. Doch dann nahm sie ihren Mut zusammen und beschloss, die kurze Zeit, die sie noch zu leben hatte, nicht mit Trauern zu verbringen. Sie begann, herumzuspazieren und das schöne Schloss zu besichtigen. Und sie konnte nicht umhin, es zu bewundern. Wie erstaunt war sie aber, als sie eine Tür fand, auf der geschrieben stand: „Zimmer der Schönen."

Schnell öffnete sie die Türe und war ganz geblendet von der Pracht, die dort herrschte. Am meisten wunderte sie sich über die große Bibliothek, das Klavier und viele Notenbücher, die sie erblickte. „Wenn ich nur einen Tag hier leben sollte, hätte man nicht so viel für mich hierher gebracht," dachte sie und fasste neuen Mut. Sie schlug ein Buch auf, worin mit goldenen Buchstaben geschrieben stand: „Wünscht und befehlt! Ihr seid hier die Königin und die Herrin."

„Ach", seufzte sie, „ich wünsche ja nichts weiter, als meinen armen Vater zu sehen und zu wissen, wie es ihm geht."

Kaum hatte sie das gesagt, als sie in einem großen Spiegel das Landhaus erblickte, wo ihr Vater gerade mit traurigem Gesicht ankam. Die Schwestern begrüßten ihn und trotz aller Verstellungskünste konnten sie doch die Freude über den Verlust ihrer jüngsten Schwester nicht verbergen. Einen Augenblick später war alles wieder verschwunden. Die Schöne musste sich eingestehen, dass das Tier sehr entgegenkommend sei und es kam ihr der Gedanke, dass sie wohl nichts von ihm zu befürchten habe. Zu Mittag fand sie den Tisch gedeckt und während der Mahlzeit hörte sie eine schöne Musik, obwohl sie keine Menschenseele sah. Abends, als sie sich wieder zu Tisch setzen wollte, erschrak sie zutiefst, denn sie vernahm den Lärm, den das Tier machte, als es herbeitrat. „Schöne", sagte das Ungeheuer, „erlaubt Ihr, dass ich Euch beim Essen zuschaue?"

„Ihr habt hier zu befehlen, Tier", antwortete die Schöne zaghaft.

„Oh nein", erwiderte das Tier, „in diesem Schloss gibt es nur eine Herrin und die seid Ihr. Ihr braucht mir nur zu sagen, wenn ich Euch unangenehm bin, und ich werde Euch sogleich verlassen. Doch sagt mir, findet Ihr mich sehr hässlich?"

„Das ist wahr", sagte die Schöne, „denn ich kann nicht lügen. Aber ich glaube, Ihr seid sehr freundlich."

„Ihr habt recht", antwortete das Tier, „ich bin nicht nur hässlich, sondern ich bin auch kein kluger Redner. Ich weiß sehr wohl, dass ich nur ein dummes Tier bin."

„Keiner ist dumm, der von sich glaubt, nicht geistreich zu sein. Ein Dummkopf kann so etwas gar nicht denken," erwiderte die Schöne.

„Esst nur, Schöne", sagte das Tier, „und versucht, Euch in Eurem Hause zu vergnügen, denn alles hier gehört Euch, und es würde mich betrüben, wenn Ihr nicht glücklich wärt."

„Ihr seid sehr freundlich", sagte die Schöne. „Ich gestehe, dass Euer gutes Herz mir Freude macht. Wenn ich daran denke, so kommt Ihr mir nicht mehr so hässlich vor."

„Ach ja", antwortete das Tier, „ich habe ein gutes Herz, aber ich bin ein Ungeheuer."

„Es gibt viele Menschen, die weit schlimmere Ungeheuer sind als Ihr und ich habe Euch mit Eurer Gestalt lieber als all jene, die hinter einem schönen, menschlichen Antlitz ein verlogenes, undankbares Herz verstecken."

„Wäre ich schlagfertig, so würde ich Euch jetzt mit einem Kompliment danken. Aber ich bin dumm, und alles, was ich sagen kann, ist, dass ich Euch sehr dankbar bin."

Die Schöne aß nun mit gutem Appetit und fürchtete sich fast gar nicht mehr vor dem Tier. Sie wäre aber bald vor Schreck gestorben, als es fragte: „Schöne, wollt Ihr meine Frau werden?"

Sie antwortete zunächst nicht, denn sie fürchtete, den Zorn des Ungeheuers zu erregen, wenn sie ablehnte. Schließlich sagte sie zitternd: „Nein, Tier."

Das arme Ungeheuer wollte seufzen, aber das verursachte ein so entsetzliches Geheul, dass das ganze Schloss davon erbebte.

Das Tier verließ traurig den Saal und sagte: „Dann lebt wohl, Schöne", wobei es sich von Zeit zu Zeit umdrehte, um die Schöne noch einmal zu sehen. „Ach", dachte diese, von Mitleid für das Tier erfüllt, „schade, dass es so hässlich ist, es hat ein so gutes Herz!" Die Schöne verbrachte drei ruhige Monate. Jeden Abend kam das Tier, um ihr beim Essen Gesellschaft zu leisten. Sie hatte sich an

seinen Anblick gewöhnt und jeden Tag entdeckte die Schöne neue, gute Eigenschaften an ihm. Es unterhielt sich sehr verständig mit ihr, ohne jedoch das zu zeigen, was man in der Welt „Geist" nennt. Doch es bekümmerte die Schöne, dass das Tier jeden Abend, bevor es sich verabschiedete, fragte, ob sie seine Frau werden wolle und es ihn so schmerzte, wenn sie „Nein" sagte.

Eines Tages sagte sie: „Tier, Ihr macht mich unglücklich. Ich wünschte, ich könnte Euch heiraten, allein, es ist mir unmöglich vorzugeben, das würde doch einmal geschehen. Ich werde stets Eure gute Freundin sein. Versucht, Euch damit abzufinden."

„Ich muss wohl", erwiderte das Tier, „versprecht mir aber, dass Ihr mich niemals verlassen wollt!" Die Schöne errötete bei diesen Worten. Denn sie hatte in dem großen Spiegel gesehen, dass ihr Vater vor Kummer über ihren Verlust erkrankt war und sie wünschte sich, ihn wiederzusehen.

„Ich würde es Ihnen wohl versprechen, aber ich habe ein so großes Verlangen, meinen Vater wiederzusehen, dass ich vor Leid sterben würde, wenn Ihr mir diese Bitte abschlagen wolltet."

„Lieber will ich selbst sterben, als Euch Kummer zu bereiten. Ich will Euch zu Eurem Vater schicken. Ihr werdet dort bleiben, und Euer armes Tier wird vor Schmerz darüber sterben."

„Nein", rief die Schöne unter Tränen, „ich liebe Euch zu sehr, um Euren Tod verursachen zu wollen. Ich verspreche Euch, in acht Tagen wieder zu kommen. Ihr habt mir im Spiegel gezeigt, dass meine Schwestern verheiratet sind. Mein Vater ist jetzt ganz allein. Erlaubt, dass ich eine Woche bei ihm bleibe."

„Morgen früh sollt Ihr dort sein", sagte das Tier. „Vergesst aber nicht Euer Versprechen. Ihr braucht nur beim Schlafengehen Euren Ring auf den Tisch zu legen, wenn Ihr zurückkommen wollt. Lebt wohl, Schöne!"

Das Tier seufzte bei diesen Worten wie immer, und die Schöne legte sich ganz betrübt darüber schlafen. Als sie erwachte, befand sie sich im Hause ihres Vaters. Sie läutete eine Glocke neben ihrem Bett und die Magd trat ein und stieß einen lauten Schrei aus, als sie die Schöne erblickte. Der Vater kam herbeigelaufen und wäre vor Freude fast gestorben, als er seine liebe Tochter wiedersah. Da fiel der Schönen ein, dass sie keine Kleider bei sich hatte, aber die Magd erzählte ihr, in der Nebenkammer stehe eine große Truhe voller goldgestickter und mit Diamanten besetzter Kleider. Die habe ihr das gute Tier geschickt. Die Schöne kleidete sich an und während dessen wurde den Schwestern ihre Ankunft berichtet, die schnell mit ihren Gatten herbeieilten. Die Älteste hatte einen Edelmann geheiratet, schön wie Amor selbst, der aber in seine eigene Gestalt so verliebt war, dass er sich von morgens bis abends nur mit sich selbst beschäftigte und die Schönheit seiner Frau übersah. Die zweite hatte einen geistreichen Mann geheiratet, aber er bediente sich seines Geistes nur, um alle Welt rasend zu machen, zuvorderst seine Frau. Die Schwestern platzten fast vor Neid, als sie die Schöne wie eine Prinzessin gekleidet und strahlender als der Tag wiedersahen. Und Ihr Neid wuchs, als die Schöne erzählte, wie glücklich sie sei.

„Meine liebe Schwester", sagte die Älteste zu der Zweiten, „mir fällt etwas ein. Wir wollen versuchen, sie länger als acht Tage hier zu behalten. Ihr dummes Tier wird sie vielleicht aus Zorn fressen, weil sie nicht Wort gehalten hat."

Nachdem sie diesen Entschluss gefasst hatten, taten sie ihrer jüngsten Schwester alles zuliebe, worüber die Schöne vor Freude weinte. Als die acht Tage vorbei waren, rauften sich die Schwestern die Haare und stellten sich über die Abreise so betrübt, dass die Schöne versprach, noch acht Tage länger bei ihnen zu bleiben. Aber die Schöne machte sich Vorwürfe, ihr Versprechen zu brechen und ihrem armen Tier Kummer zu bereiten, denn sie liebte es von ganzem Herzen und vermisste es sehr.

In der zehnten Nacht, die sie bei ihrem Vater verbrachte, sah sie im Traum das Tier im Garten seines Schlosses: Es lag auf dem Rasen im Sterben. Erschrocken fuhr sie aus dem Schlaf auf und vergoss heiße Tränen. „Bin ich nicht undankbar, dass ich dem Tier Kummer verursache, während es mir nur Gutes getan hat? Nein, ich will es nicht unglücklich machen; das könnte ich mir nicht verzeihen."

Mit diesen Worten legte die Schöne ihren Ring auf den Tisch und ging wieder zu Bett.

Als sie am Morgen erwachte, war sie zurück in dem Palast des Tiers. Sie kleidete sich prächtig an, um ihm zu gefallen, und der Tag wurde ihr lang, während sie wartete, dass es Abend würde. Aber das Tier erschien nicht.

Die Schöne fürchtete nun, dass sie wirklich seinen Tod verursacht hatte und lief voller Sorge

durch den ganzen Palast. Nachdem sie es überall gesucht hatte, erinnerte sie sich an ihren Traum und lief in den Garten. Dort lag das arme Tier ausgestreckt auf dem Boden und sie glaubte, es wäre tot. Sie warf sich an seine Brust, ohne vor seiner Gestalt Abscheu zu haben, und als sie fühlte, dass sein Herz noch schlug, holte sie Wasser aus dem Brunnen und goss es ihm über den Kopf. Das Tier schlug die Augen auf und sagte: „Ihr habt Euer Versprechen nicht gehalten. Aus Gram über Euren Verlust wollte ich mich zu Tode hungern. Ich sterbe aber zufrieden, weil ich die Freude habe, Euch noch einmal zu sehen."

„Nein, mein liebes Tier, Ihr sollt nicht sterben", sagte die Schöne, „Ihr sollt leben und mein Ehegemahl werden. Hier ist meine Hand und ich schwöre, dass ich nur Euch gehören werde. Ach, ich glaubte, nur Freundschaft für Euch zu empfinden, aber mein Schmerz zeigt mir, dass ich ohne Euch nicht leben kann."

Kaum hatte die Schöne diese Worte gesprochen, als das Schloss in hellem Licht erstrahlte; Feuerwerk und Musik kündigten ein Fest an. Doch all diese Pracht fesselte ihren Blick nicht. Sie wandte sich wieder ihrem geliebten Tier zu, um das sie sich ängstigte. Wie groß war aber ihr Erstaunen! Das Tier war verschwunden, und zu ihren Füßen lag ein wunderschöner Prinz, der ihr dankte, weil sie den Zauber gebrochen hatte.

„Eine boshafte Fee hatte mich verwünscht, so lange als Tier zu leben, bis ein schönes Mädchen bereit wäre, mich zu heiraten", sagte der Prinz. „Doch niemand auf der Welt war so mutig wie Ihr, sich von meinen guten Eigenschaften berühren zu lassen. Wollt Ihr meine Königin werden?"

Zusammen gingen sie ins Schloss, wo sie in dem großen Saale ihren Vater, ihre Schwestern und auch die gute Fee fanden, die der Schönen im Traum erschienen war.

„Schöne", sagte diese zu ihr, „empfangt den Lohn für Eure gute Wahl. Ihr habt der Schönheit und dem Esprit die Tugend vorgezogen. Ihr verdient alle diese Eigenschaften nun in einer Person vereint zu finden. Ihr werdet eine große Königin werden."

„Euer Herz aber", sagte die Fee zu den beiden Schwestern, „kenne ich und alle Bosheit, die es einschließt. Werdet zu zwei Statuen, aber behaltet euren Verstand unter dem Stein. Ihr sollt am Tor vor dem Schloss eurer Schwester stehen und ihr werdet nicht eher erlöst, bis ihr eure Fehler erkannt habt."

In dem Augenblicke schwenkte die Fee ihren Stab, und das ganze Schloss wurde wieder in das Königreich des Prinzen versetzt, wo seine Untertanen ihn mit Freuden begrüßten.

Der Prinz vermählte sich mit der Schönen und sie lebten lange Jahre in vollkommenem Glück miteinander, denn es war auf Tugend gegründet.

Jeanne-Marie Leprince de Beaumont

Mein Garten

Mein Garten, der durchaus nicht mein ist, auf jeden Fall eine sehr kleine Einrichtung, wie ein Garten zum Hausbedarf sein soll, wenn man nicht einen Gärtner haben will.

Mit achtzehn Schritten nehme ich ihn in der Länge und mit gleich vielen in der Breite, sodass er wohl eine Fläche von einen Dreißigstel Hektar haben kann. Das Erdreich ist sanduntermischter Steinkies, mit wenig Moorhumus, und da der Grund noch vor Kurzem Grasmatte war, ist die Quecke im Überfluss vorhanden.

Der Quecke könnte ich wohl den Tod antun, aber ich habe auch Nachbarn: einen, der Hofbesitzer ist, einen, der Pächter ist, und beide betreiben eine großartige Distelkultur auf beiden Seiten; und welcher Wind auch weht, ich habe Distelsamen bei mir.

Aber meine Nachbarn halten auch Hühner, deren Hähne ihren Kampfplatz in meinen Garten verlegen; und sie haben auch einen Hund, der auf Gartenerdbeeren geht, aber nicht auf Singvögel; eine garstige Hündin, die keinen Fisch frisst, aber vor den roten Johannisbeeren steht! Sie haben auch Kinder, die Nachbarn, aber mit den Kindern ist es eine eigene Sache, die kann man bestechen, wenn man sie auch nicht dressieren kann. Wenn der Monat März kommt mit etwas Sonne auf den Straßen und den Doppelfenstern Stockholms, so kaufe ich von meinem Gewürzkrämer einige niedere Seifenkästen oder dergleichen und vom nächsten Gärtner einige Metzen Erde. Und in die Kästen säe ich meine Pflanzen zum Sommer, denn mein Garten hat auch den Nachteil, eine Seemeile vom Gärtner abzuliegen, und ich würde ein Königreich für ein Pferd geben müssen, das es da draußen nicht gibt; das für Mistbeete unentbehrliche Pferd! Doch ich säe nur das Allernotwendigste; und dazu rechne ich Salat, Blumenkohl, Zuckerhutkohl. In verschiedene kleine Töpfe lege ich Melonen- und Gurkenkerne, denn die werden ohne Erdkloß nur mit großem Zeitverlust umgepflanzt. In der Blumenabteilung befasse ich mich nur mit Levkojen und Reseda, da die andern sich leicht an Ort und Stelle säen lassen und dort am besten gedeihen.

Wenn jetzt die Stadtsonne sehr eifrig ist, schießen meine Pflanzen ins Kraut und neigen sich dem Fenster zu. Da nehme ich sie auf, schneide die Pfahlwurzeln ab und setzte sie bis zum Herzblatt nieder, worauf sie wieder schießen, aber solider als früher. Und wenn ich Anfang Mai hinausziehe, habe ich meine Schützlinge in besonders eingerichteten Kästen eingepackt; was beschwerlich ist und ein wenig teuer, aber nicht so beschwerlich

wie zwei Seemeilen rudern und nicht so dumm wie ein Pferd kaufen, wo es keine Fahrwege gibt. Wenn ich hinauskomme, stehen meine Narzissen, Tulpen und Krokusse in Flor, aber es ist zu früh, um schon zu pflanzen, und die Pflanzen müssen abgehärtet werden. Da stelle ich meine Kästen in einen trockenen Graben und lege ein herausgenommenes Doppelfenster darauf. Die Doppelfenster sind meine Erfindung und damit tue ich Wunder. Nachdem ich meine Herbstpflanzungen von Obstbäumen, Beerenbüschen, Syringen und Jasmin wiedergesehen habe, gehe ich ans Werk mit der Frühsaat. Petersilie habe ich vom vorigen Jahre unter Fichtenbäumen stehen, aber ich muss für den Spätsommer und nächstes Jahr neue säen.

Nun sind Petersilie und Dill sehr träge Gewächse und darum begieße ich den Samen mit Wasser und einigen Tropfen Salzsäure, wodurch ich vierzehn Tage gewinne, während diese Faultiere sonst sechs Wochen in der Erde liegen können. Wenn ich säen will, gehe ich zuerst zum Viehstall hinauf hinter eine Ecke, wo mich niemand sieht, und hole die große Wasserkanne voll Purin, wie es französisch heißt, und damit begieße ich mein Beet; dann säe ich. Radieschen, Petersilie und Spinat säe ich dicht, weil die vielen Blätter den zum Feuchthalten erforderlichen Schatten geben. Dann siebe ich Erde über den Samen.

Die Radieschen plätte ich, weil die in loser Erde

in krummen Winkeln wachsen und sich in Krümmungen legen. Den Spinat trete ich nieder.

Damit nun nicht die Vögel unter dem Himmel kommen und den Samen auffressen und die Hunde und Hühner ihn nicht aufkratzen, lege ich abgestreifte Fichtenzweige darauf; jedoch gut abgestreift, denn mit den Nadeln kommt Unordnung und Schimmel. Salat säe ich in Reihen und dünn; Dill lege ich am liebsten ins Kohlfeld, weil er dort am billigsten den Schatten und die Feuchtigkeit, die er liebt, bekommt. Einzeln gesät, schießt er ins Kraut und wird schwächlich.

Nun habe ich das Erdbeerfeld geschaufelt, das gelinde mit Laub bedeckt war, und in den Spargelbeeten geschart, die Rabatten umgegraben und jeglichen Blumensamen eingelegt, sodass ich zur Bereitung des Gurkenbeetes schreiten kann. Zu dem Ende grabe ich eine Grube in Größe von vier Doppelfenstern, was nicht mehr als dreieinhalb Ellen lang und eineinhalb breit ist, da die Fenster der Bauernhütte sehr klein sind. Sodann nagle ich einen Rahmen von vier Brettern zusammen und in die Grube lege ich Spreu, Heusamen, Laub, Fichtenreiser und Dungstreu, gieße einige Eimer heißes Wasser über alles und fülle trockene gesiebte Humuserde darauf. Das ist das Beet, in das ich meine sechs Gurkenpflanzen setze, und es ist nicht so schlecht, denn auf dem kleinen Flecken von der Größe eines Esstisches habe ich Gurken vom Monat Juli bis in den Herbst hinein geerntet; und zwar in solchen Mengen, dass es für mein Haus und das der Ureinwohner und ihrer Freunde reichte und dass noch zum Einsalzen einige übrig blieben; alles in allem einer halben Tonne entsprechend.

Den Krieg gegen den Nordwind führte ich sonst mit Bastmatten, die auf Stöcken aufgesteckt wurden, hinter den Artischocken zum Beispiel, die sich dadurch besonders wohl befanden. Und ich habe später vor dem Lido von Venedig den Wein draußen auf dem flachen Lande durch Reisigdecken gegen den alles durchdringenden Boreas schützen sehen. Die Methode ist im Übrigen sehr in China im Schwange, wo die ersten Gärtner der Welt wohnen, von denen die Japaner die Gartenkunst wie so vieles andere gelernt haben.

Den Kampf gegen die Quecke kann nur auf eine Weise geführt werden: mit anhaltender, niemals ermüdender Wachsamkeit und Arbeit, und doch ist der Sieg sehr ungewiss. Sie plänkelt unter der Erde, schickt einen Plänkler da hinauf, wo man ihn am wenigsten erwartet, und wenn man sie von Posten zu Posten gejagt hat, verschanzt sie sich in einem Erdbeerhügel oder mitten in der dichten Petersilie, und da kann man ihr nicht beikommen. Sie ist schlimmer als der Bandwurm: Reißt man von dem Stück für Stück ab, so lebt er, bis der Kopf mitkommt, doch die Quecke hat keinen Kopf. Das beste Mittel gegen die Quecke ist immer noch das, dass man sein Land selbst gräbt, wie man selbst der beste Knecht ist bei allem Gartenbau.

Eines Frühlings nahm ich einen Knecht, um meine Erde zu graben. Es war ein flinker Mann und er war in einem Tag mit allem fertig. Doch als ich säen wollte, merkte ich, dass der Mann nur die Rasenstücke umgedreht hatte.

Darauf stellte ich ein Mädchen an, das es besser machen sollte. Doch sie brachte wieder einen Tag damit zu, die Schollen richtig zu wenden.

Seitdem grabe ich stets selbst. Doch habe ich auch einen Wintergarten, den ich wie der Weise überallhin mitnehmen kann, und in den habe ich auch einige Neuheiten eingeführt, die wohl nicht unnötig genannt werden können. Ein jeder, der Topfgewächse beim Blumenhändler gekauft hat, hat gemerkt, wie schnell sie verblühen, wie sie dann abgetakelt dastehen und ihr elendes Leben bis zum nächsten Jahre hinschleppen. Die Ursache zu diesem betrübenden Umstand liegt darin, dass diese Pflanzen im Gewächshaus geboren und gezogen sind, mit vollem Oberlicht, reiner Luft, ohne Staub, ohne Tabakrauch und Verbrennungsprodukte von Lampen und Lichtern. Es wird ihnen also schwer, sich dem Wohnungsraum anzupassen; und um solche fürs Zimmer geeignete Topfgewächse zu erhalten, ziehe ich sie aus Samen im Zimmer. Dabei habe ich das große Vergnügen zu sehen, wie es wächst und zunimmt, was angenehmer ist, als eine gekaufte Blume rückwärts zu Schwindsucht und Tod gehen zu sehen!

Anfang August lege ich Samen von Levkojen, Reseda, Balsaminen und Stiefmütterchen in kleine Töpfe, die ich ans südliche Fenster stelle.

In vierzehn Tagen hat der Samen in einer Mischung von Maulwurfshaufen, Lauberde, Streusand und gestoßener Holzkohle gekeimt. Doch die Pflanzen schießen heftig auf und neigen sich gegen das Fenster. Da schule ich sie, binde sie an Stöcke und wende sie unaufhörlich, sodass sie gerade werden. Nach einer Zeit von sechs Wochen seit der Schulung habe ich einen halben Fuß hohe, kräftige Pflanzen, die nicht weiter der Stütze bedürfen und dem Winterzimmer angepasst sind. Ich behalte dann die kleinen Töpfe der Erdwärme wegen und begieße mit Blumendünger.

Auf diese Weise habe ich die Blumen bis Neujahr und habe noch das Vergnügen gehabt, zu sehen, wie das Wachstum während des traurigen Herbstes andauerte, wo sonst alles zu Ruhe und Tode eingeht.

So habe ich es mit meinem Wintergarten angestellt, und mit dem bin ich sehr zufrieden, vielleicht weil er mein ist!

August Strindberg

Blaue Hortensie

Blaue Hortensie

So wie das letzte Grün in Farbentiegeln
sind diese Blätter, trocken, stumpf und rau,
hinter den Blütendolden, die ein Blau
nicht auf sich tragen, nur von ferne spiegeln.

Sie spiegeln es verweint und ungenau,
als wollten sie es wiederum verlieren,
und wie in alten blauen Briefpapieren
ist Gelb in ihnen, Violett und Grau;

Verwaschenes wie an einer Kinderschürze,
Nichtmehrgetragenes, dem nichts mehr geschieht:
wie fühlt man eines kleinen Lebens Kürze.

Doch plötzlich scheint das Blau sich zu verneuen
in einer von den Dolden, und man sieht
ein rührend Blaues sich vor Grünem freuen.

Rainer Maria Rilke

Der geheime Garten

Das süßeste, geheimnisvollste Fleckchen Erde, das man sich vorstellen kann, war dieser Garten. Die hohen Mauern, die ihn umgaben, waren mit blattlosen Stämmen von Kletterrosen bedeckt, die ganz ineinander verflochten waren.

Mary Lennox wusste, dass es Rosen waren, denn sie hatte in Indien viele Rosen gesehen. Der Boden des Gartens war mit winterlich braunem Gras bedeckt, in dem kleine Büsche standen – sicher Rosenbüsche. Aber ob sie noch Leben in sich hatten?

Da waren auch hochstämmige Rosen, so hoch gewachsen, dass sie wie kleine Bäume aussahen. Es gab auch andere Bäume im Garten. Das Besondere daran war, dass die Kletterrosen auch an ihnen emporgerankt waren und nun wie sanfte Vorhänge herniederwehten.

Hier und da hatten sie sich von einem Baum zum anderen verfangen, sodass sie kleine Hängebrücken bildeten. Augenblicklich trugen die Ranken weder Blätter noch Blüten, und Mary zweifelte wieder, ob noch Leben in ihnen sein mochte. Das feine Grau der Zweige und Zweiglein wirkte wie ein nebelhaftes Gewebe, das sich über alles legte, über Mauern und Bäume. Dort, wo die Zweige ihren Halt verloren hatten und heruntergefallen waren, wucherten sie auf dem Boden weiter. Dieser Rosenteppich gab dem Garten ein geheimnisvolles Aussehen. Mary hatte gewusst, dass dieser Garten anders sein würde als die übrigen Gärten, schon weil er so lange sich selbst überlassen geblieben war. Er war nun aber überhaupt ganz anders als alles, was sie in ihrem Leben jemals gesehen hatte. „Wie still es ist", flüsterte sie. „So still!"

Sie horchte auf die Stille. Das Rotkehlchen, das jetzt auf der Spitze eines Baumes saß, schwieg wie alles ringsherum. Es bewegte nicht einmal seine Flügel, es saß unbeweglich und schaute auf Mary hinab.

„Kein Wunder, dass es so still ist", flüsterte sie wieder. „Ich bin seit zehn Jahren der erste Mensch, der hier spricht."

Sie bewegte sich langsam vorwärts und trat dabei so sachte auf, als fürchte sie, jemanden aufzuwecken. Sie war froh, Gras unter ihren Füßen zu haben, so wurde ihr Gang lautlos. Sie ging auf eine Schaukel zu, die, aus Rosenzweigen gebildet, zwischen den Bäumen hing, und schaute hinauf, die Zweige und Ranken entlang, aus denen sie bestand.

„Ich glaube eigentlich nicht, dass sie ganz tot sind", sagte sie. „Oder sollte hier alles abgestorben sein?" Wäre sie Ben Weatherstaff gewesen, hätte sie feststellen können, in welchen Pflanzen noch Leben war. Sie sah nur graue und braune Zweige und keine Knospen.

Jedenfalls war sie aber endlich in dem geheimen Garten. Und sie konnte das Tor unter dem Efeu wiederfinden und hereinkommen, sooft sie nur wollte. Sie hatte das Gefühl, eine ganze Welt, ihre eigene Welt gefunden zu haben.

Die Sonne schien zwischen die vier Mauern. Der hohe Himmel wölbte sich blau darüber. Das Rotkehlchen flog herab und hüpfte hinter Mary von einem Rosenbusch zum anderen.

Sonst aber war alles sehr seltsam still. Sie schien meilenweit von allen Menschen entfernt zu sein, fühlte sich aber trotzdem nicht einsam.

Wie gerne hätte sie gewusst, ob die Rosen tot waren oder ob wenigstens einige von ihnen Blätter und Knospen tragen würden, sobald das Wetter wärmer wurde. Wie wunderbar musste das sein. Tausende von Rosen würden an allen Ecken blühen! Das Springseil hing über ihrem Arm, seit sie den Garten betreten hatte.

Nachdem sie eine Weile hin und hergegangen war, entschloss sie sich, durch den ganzen Garten zu springen und immer dort anzuhalten, wo es etwas Besonderes zu sehen gab.

Man konnte noch ein paar Gartenwege erkennen; in einigen Winkeln befanden sich Lauben mit steinernen Sitzen und hohen, moosbedeckten Blumentöpfen.

Als sie zu einer der Lauben kam, hielt sie an. In der Mitte musste ein Blumenbeet gewesen sein. Sie bemerkte, dass etwas aus der schwarzen Erde hervorguckte – kleine, bleiche, hellgrüne Spitzen. Sie erinnerte sich an das, was Ben Weatherstaff gesagt hatte, und kniete nieder, um genauer hinzusehen.

„Ja, das sind Pflanzen, vielleicht Krokusse oder Schneeglöckchen oder Narzissen", flüsterte sie. Sie beugte sich tief hinab und schnupperte an der feuchten Erde. Sie liebte den Geruch.

„Vielleicht kommen auch an anderen Stellen Blumen hervor", sagte sie. „Ich will durch den ganzen Garten gehen und nachschauen."

Sie sprang jetzt nicht, sie ging langsam und hielt die Augen auf den Boden geheftet. Sie suchte im Gras nach Blumenbeeten. Als sie ihren Rundgang beendete, hatte sie eine ganze Menge lebender Stauden entdeckt und war ganz aufgeregt.

„Der Garten ist nicht tot", rief sie. „Selbst wenn die Rosen abgestorben sind, andere Blumen sind lebendig."

Mary verstand nichts von Gartenarbeit, aber an einigen Stellen schien das Gras so dicht zu sein, dass die kleinen, grünen Triebe nicht Platz genug hatten, um sich zu entwickeln. Sie sah sich um, bis sie ein scharfes Stück Holz fand. Sie kniete nieder und grub und riss Gräser aus, damit die Stauden genug Platz hatten. „So, jetzt können sie atmen", sagte sie, als sie mit dem ersten Stück fertig war. „Ich will noch viel mehr machen. Was ich heute nicht fertig bekomme, will ich morgen tun."

Sie ging von einer Stelle zur anderen, riss Unkraut aus und grub. Es machte ihr so viel Spaß, dass sie von einem Beet gleich zum nächsten hinüberwechselte. Dabei wurde ihr so warm, dass sie ihren Mantel ausziehen musste.

Mary arbeitete in ihrem Garten, bis es Mittag wurde. Tatsächlich fiel ihr ziemlich spät ein, dass es Zeit zum Essen war. Sie nahm ihren Mantel und ihren Hut und konnte sich gar nicht vorstellen, dass sie zwei oder drei Stunden gearbeitet hatte. Sie war die ganze Zeit überglücklich gewesen. Viele winzige hellgrüne Blattspitzen reckten sich an den gesäuberten Stellen hoch; sie sahen viel kräftiger aus als zuvor, da sie noch von Gras und Unkraut bedrängt gewesen waren.

„Heute Nachmittag komme ich wieder", sagte sie zu den Bäumen und Rosensträuchern.

Dann rannte sie leichtfüßig über das Gras, stieß das Tor auf und schlüpfte durch den Vorhang von Efeu. Sie hatte so rote Wangen und blitzende Augen, und sie aß so tüchtig zu Mittag, dass Martha ganz begeistert war.

„Zwei Stück Fleisch und zwei Portionen Pudding!", rief sie in ihrem Eifer. „Mutter wird sich freuen, wenn sie hört, wie gut dir das Seilspringen tut", sagte Martha.

Während Mary mit ihrem spitzen Holz in der Gartenerde gestochert hatte, war ihr eine weiße Wurzel aufgefallen, die wie eine Zwiebel aussah.

Sie hatte sie sorgfältig wieder mit Erde zugedeckt. Sie überlegte jetzt, ob Martha wohl wusste, was es gewesen sein könnte.

„Martha", fragte sie, „was sind das für weiße Wurzeln, die wie Zwiebeln aussehen?"

„Das sind Knollen", antwortete Martha. „Viele kleine Frühlingsblumen entwickeln sich aus Knollen. Die ganz Kleinen sind Krokusse und Schneeglöckchen, die Großen Narzissen und Osterglocken. Die Allergrößten sind Lilien. Die sind wunderschön! Dickon hat eine ganze Menge in unserem Garten gepflanzt!"

„Weiß Dickon viel über Blumen?", fragte Mary und hatte einen neuen Gedanken.

„Unser Dickon kann eine Blume aus einem gepflasterten Weg hervorzaubern."

„Leben solche Knollen eigentlich lange?", fragte Mary ängstlich.

„Die helfen sich selbst", sagte Martha. „Darum können sich auch arme Leute so etwas leisten. Wenn man sich gar nicht um sie kümmert, wachsen sie im Boden weiter und vermehren sich. Hier im Park gibt es eine Stelle, da wachsen Tausende von Schneeglöckchen. Das ist der schönste Anblick in ganz Yorkshire, wenn der Frühling kommt. Und niemand weiß, wer sie da hingepflanzt hat."

„Ich wollte, es wäre schon Frühling", sagte Mary.

„Alles, was in England wächst, möchte ich sehen."
Sie war jetzt mit dem Essen fertig und hockte auf dem Teppich vor dem Kamin. Das war ihr Lieblingsplätzchen.

„Ich wollte – ich wollte, ich hätte einen Spaten", sagte sie.

„Wofür brauchst du denn einen Spaten?", fragte Martha lachend. „Willst du zu graben anfangen? Das muss ich Mutter erzählen."

Mary schaute ins Feuer und zögerte. Sie musste vorsichtig sein, wenn sie das Geheimnis ihres kleinen Königreiches bewahren wollte. Eigentlich tat sie ja nichts Böses, aber wenn Mr. Craven herausfinden würde, dass sie das Tor geöffnet hatte, würde er furchtbar böse werden, einen neuen Schlüssel anfertigen lassen und den Garten für immer absperren. Das würde sie nicht ertragen.

„Es ist sehr einsam hier", sagte sie langsam, als ob sie über irgendetwas nachdächte.

„Das Haus ist einsam, der Park ist einsam, und die Gärten sind einsam. Viele Türen sind abgeschlossen. Ich hatte in Indien auch nie viel zu tun,

aber es gab allerlei Leute, die man ansehen konnte; Eingeborene und manchmal Soldaten, die vorbeimarschierten. Und hin und wieder gab es Musikkapellen. Und meine Ayah erzählte mir Geschichten. Hier gibt es fast niemanden mit dem ich reden kann, nur dich und Ben Weatherstaff. Du hast deine Arbeit, und Ben Weatherstaff will nicht immer mit mir reden. Ich dachte, wenn ich einen kleinen Spaten hätte, könnte ich irgendwo graben, so wie er. Und ich könnte einen eigenen kleinen Garten machen, wenn Ben Weatherstaff mir ein paar Samen gäbe."

Marthas Gesicht hellte sich auf.

„Das ist ganz richtig. Genau das sagte Mutter auch. Sie meinte: ‚Da ist doch so viel Platz, warum gibt man ihr nicht ein Stückchen Garten, mit dem sie machen kann, was sie will, wenn sie auch nur ein bisschen Petersilie und ein paar Radieschen anpflanzt. Sie kann graben und hacken, und dabei wird sie glücklich sein!' Das war genau das, was sie sagte."

„Wirklich?", fragte Mary. „Was sie doch alles weiß!"

„Nun ja", sagte Martha. „Sie meint: ‚Eine Frau, die zwölf Kinder aufzieht, muss viel mehr wissen, als nur das ABC.'"

„Wie viel würde wohl so ein Spaten kosten, ein kleinerer?", fragte Mary.

„Ja", überlegte Martha, „In Thwaite gibt es einen Laden; dort habe ich kleine Gartengeräte gesehen. Einen Spaten, eine Harke und eine Spitzhacke.

Die waren zusammengebunden und kosteten zwei Shilling. Es war solides Werkzeug."

„Ich habe mehr als zwei Shilling in meinem Portemonnaie", sagte Mary. „Mrs. Morrison hat mir fünf Shilling gegeben, Mrs. Medlock hat mir von Mr. Craven etwas Geld gegeben."

„Hat er sich überhaupt an dich erinnert?"

„Mrs. Medlock sagte, ich solle jede Woche einen Shilling haben und dürfe ihn ausgeben. Sie gibt mir jeden Sonnabend einen. Ich wusste bis jetzt nicht, wofür ich ihn ausgeben sollte."

„Mein Wort", sagte Martha, „das ist Reichtum. Du kannst alles in der Welt dafür kaufen, was du haben willst. Die Miete für unsere Hütte kostet nur drei Penny. Jetzt denke ich gerade an etwas." Sie legte ihre Hände auf die Hüften.

„Woran denn?", fragte Mary eifrig.

„In dem Laden in Thwaite verkaufen sie Päckchen mit Samen, Stück für Stück einen Penny. Und unser Dickon weiß genau, welches die schönsten Samen sind. Er geht, nur zum Spaß, ziemlich oft nach Thwaite. Kannst du eigentlich einen Brief schreiben?", fragte sie plötzlich.

„Natürlich kann ich einen Brief schreiben", antwortete Mary.

„Nein, nein", Martha schüttelte den Kopf, „unser Dickon kann nur Druckbuchstaben lesen. Wenn du Druckbuchstaben schreiben kannst, könnten wir ihm einen Brief schreiben und ihn bitten, dass er für uns Gartengeräte und Samen kauft."

„Oh, du bist großartig!", rief Mary. „Wirklich, das bist du. Erst dachte ich gar nicht, dass du so nett wärst. Ich kann bestimmt Druckbuchstaben schreiben, wenn ich es versuche. Wir wollen Mrs. Medlock fragen, ob sie uns Tinte, Feder und Papier geben will."

„Habe ich selbst", sagte Martha. „Ich habe es gekauft, um manchmal sonntags Mutter ein paar Zeilen zu schreiben. Ich geh und hole es."

Sie rannte aus dem Zimmer, und Mary stand vor dem offenen Feuer und rieb sich ihre schlanken Finger vor Vergnügen.

„Wenn ich einen Spaten hätte, könnte ich den Boden viel besser bearbeiten und alles locker und weich machen. Wenn ich Samen hätte, könnte ich Blumen ziehen, und dann wäre der Garten bestimmt nicht tot – im Gegenteil, er würde ganz lebendig."

Am Nachmittag ging sie nicht mehr hinaus, weil Martha, nachdem sie Tinte, Feder und Papier gebracht hatte, in die Küche gerufen wurde, wo sie Geschirr spülen musste. Und danach gab ihr Mrs. Medlock neue Aufträge.

Es schien Mary, die auf Martha wartete, eine Ewigkeit, bis diese endlich zu ihr zurückkehrte. Dann kam das schwierige Stück Arbeit, an Dickon zu schreiben. Mary hatte ziemlich wenig gelernt, weil keine ihrer Erzieherinnen bei ihr hatte ausharren wollen. Im Rechtschreiben war sie nicht besonders gut, aber sie brachte es doch fertig, Druckbuchstaben zu schreiben. Der Brief, den Martha ihr diktierte, lautete so:

„Mein lieber Dickon, dieses Schreiben erreicht dich in der Hoffnung, dass du dich wohl fühlst, so wie es bei mir zur Zeit der Fall ist. Miss Mary hat viel Geld und möchte, dass du nach Thwaite gehst und Samen und Gartengeräte kaufst, um ein Blumenbeet zu machen. Suche die Schönsten aus, sie müssen sich leicht aufziehen lassen, denn sie hat es bis jetzt nie getan und hat in Indien gelebt, da ist es anders. Grüß Mutter und die anderen alle. Miss Mary wird mir noch eine Menge von Indien erzählen, sodass ich dir an meinem nächsten freien Tag viel mehr berichten kann über Elefanten und Kamele und von Herren, die auf Löwen- oder Tigerjagd gehen. Deine dich liebende Schwester, Martha Phoebe Sowerby".

„Wir stecken das Geld in einen Briefumschlag, und ich gebe ihn dem Jungen vom Metzger. Der kann ihn auf dem Karren mitnehmen. Er ist ein Freund von Dickon", sagte Martha.

„Wie soll ich die Sachen denn herbekommen, wenn Dickon sie gekauft hat?"

„Die wird er selbst bringen, er macht den Weg sehr gern."

„Oh", sagte Mary, „dann werde ich ihn ja sehen! Ich dachte, ich würde Dickon nie zu sehen bekommen!"

„Möchtest du ihn denn gerne sehen?", fragte Martha plötzlich, denn Mary hatte sehr begeistert gewirkt.

„Oh ja, ich habe noch nie einen Jungen gesehen, den Füchse und Krähen lieben. Ich möchte ihn schrecklich gerne sehen."

Martha gab sich einen Ruck, als erinnerte sie sich plötzlich an etwas.

„Nein", sagte sie, „wie konnte ich das denn nur vergessen! Ich wollte es dir schon heute Morgen sagen. Ich habe Mutter gefragt, und sie meinte, du solltest Mrs. Medlock selbst darum bitten …"

„Ich verstehe nicht", sagte Mary.

„Ich meine, was ich Dienstag sagte, du musst sie fragen, ob du zu unserer Hütte fahren darfst. Du sollst Mutters heißen Haferkuchen mit Butter kosten und ein Glas frische Milch dazu trinken."

Es war, als ob alle interessanten Dinge sich an einem einzigen Tag ereignen sollten. Sich vorzustellen, dass sie am helllichten Tag über das Moor fahren würde, wenn der Himmel blau war! Sich auszudenken, dass sie in eine Hütte ginge, in der zwölf Kinder waren!

„Glaubt deine Mutter, dass Mrs. Medlock es mir erlaubt?", fragte Mary ängstlich.

„Aber ja, sie meint, sie würde es tun. Mrs. Medlock weiß, was für eine ordentliche Frau meine Mutter ist und wie sauber sie unsere Hütte hält."

„Wenn ich hinfahren dürfte, dann würde ich deine Mutter und Dickon kennenlernen", sagte Mary nachdenklich. Je mehr sie darüber nachdachte, desto besser gefiel ihr der Plan.

„Sie muss ganz anders sein als meine Mutter in Indien."

Ihre Arbeit im Garten und der aufregende Nachmittag bewirkten, dass sie schließlich ganz still und nachdenklich wurde. Martha blieb bis zum Tee bei ihr, und sie saßen friedlich da und sprachen wenig. Aber gerade ehe Martha hinunterging, um das Tablett zu holen, stellte Mary eine Frage.

„Martha", sagte sie, „hat das Spülmädchen heute wieder Zahnschmerzen gehabt?"

Martha erschrak ein wenig. „Wie kommst du denn jetzt darauf?", fragte sie.

„Weil ich die Tür aufgemacht habe, als ich so lange auf dich wartete. Und dann bin ich durch den Korridor gegangen, um zu sehen, ob du kommst. Und da habe ich in der Entfernung wieder dieses Weinen gehört, das wir in der Nacht vernommen haben. Heute ist kein Wind. Der Wind kann es also nicht gewesen sein."

„Hm", sagte Martha unruhig, „du darfst nicht durch die Korridore laufen und lauschen. Wenn Mr. Craven das erfährt, wird er furchtbar zornig und ich weiß nicht, was er mit dir machen wird."

„Ich habe nicht gelauscht!", sagte Mary. „Ich habe nur auf dich gewartet – und da hörte ich es wieder. Jetzt schon zum dritten Mal."

„Meine Güte, da läutet Mrs. Medlock", sagte Martha und rannte aus dem Zimmer.

„Es ist das merkwürdigste Haus, das man je gesehen hat", sagte Mary schläfrig und legte ihren Kopf auf das Seidenkissen.

Die frische Luft, das Graben, das Seilspringen, alles zusammen hatte sie so müde gemacht, dass sie einschlief.

Frances Hodgson Burnett

Herbsttag

Herbsttag

Herr, es ist Zeit. Der Sommer war sehr groß.
Leg deinen Schatten auf die Sonnenuhren,
und auf den Fluren lass die Winde los.

Befiehl den letzten Früchten reif zu sein;
gib ihnen noch zwei südlichere Tage,
dräng sie zur Vollendung hin, und jage
die letzte Süße in den schweren Wein.

Wer jetzt kein Haus hat, baut sich keines mehr.
Wer jetzt allein ist, wird es lange bleiben,
wird wachen, lesen, lange Briefe schreiben
und wird auf den Alleen hin und her
unruhig wandern, wenn die Blätter treiben.

Rainer Maria Rilke

Der Gärtner und seine Söhne

Ein Gärtner wollte seine Söhne zum Gartenbau erziehen. Als er im Sterben lag, rief er sie zu sich und sagte: „Hört, Kinder, wenn ich gestorben bin, dann sucht im Weingarten nach, da ist etwas versteckt."

Die Söhne glaubten, dass dort ein Schatz liege, und als der Vater gestorben war, gruben sie den ganzen Garten um und um.

Einen Schatz fanden sie nicht, doch die Erde im Weingarten hatten sie so gründlich umgegraben, dass die Ernte bedeutend besser ausfiel als früher. Und sie wurden reich.

Leo Tolstoi

An den Winter

An den Winter

Willkommen, lieber Winter,
willkommen hier zu Land!
Wie reich du bist, mit Perlen
spielst du, als wär' es Sand!

Den Hof, des Gartens Wege
hast du damit bestreut;
sie an der Bäume Zweige
Zu Tausenden gereiht.

Dein Odem, lieber Winter,
ist kälter, doch gesund;
den Sturm nur halt' im Zaume,
sonst macht er es zu bunt!

Elisabeth Kulmann

BILDVERZEICHNIS

Titelseite: © Flora Press: BIOSPHOTO (Stuhl); GAP Photos Ltd. (Kräutertopf); © fotolia: Mat Hayward (Rosenkranz)

Rückseite: © fotolia: Sonia chatelain (Gießkanne); klick61 (Gartentor); © Flora Press: Ute Köhler (Pflanzen)

Innenseiten:

© iStock

S. 3: Elena Elisseeva; S. 6: Chris Price; S. 7: Chris Price und Greg Nicholas; S. 9: George Clerk; S. 10: 7io; S. 11: Nicholas Loran; S. 12: Marcus Lindström; S. 15: Michele Virgilio und Chanyut Sribua-rawd; S. 16: zorani; S. 18: Ryan Lane; S. 19: Clare Plumridge; S. 21: Kelvin Yam und Jivko Kazakov; S. 22: Jane Tyson; S. 26: Sacha Bloor, S. 27: Alexandra Draghici; S. 29: Kenneth Wiedemann; S. 31: Glenn Robertson; S.32: Inga Nielsen und Magdalena Kucova; S. 36: Tom Germain; S. 39: Kati Molin; S. 43: Karen Wunderman; S. 44: Flavio Massari; S. 46: Kathryn Stewart; S. 49: Karpix; S. 50: Alissa Chandler und manu10319; S. 51: Justinas Juodgalvis; S. 57: zorani; S. 63: Damian Kehayov; S. 64: Skeezer; S. 68: TimArbaev; S. 71: manuel velasco; S. 73: Rapido; S. 74: Chris Price; S. 75: KAppleyard und Miroslava Arnaudova; S. 77: Nikada; S. 80: YinYang; S. 89: Jenny Speckels; S. 90: Nicolas Loran und Chris Price; S. 93: Fontmonster; S. 94: Susan Fox; S. 97: Richard Goerg; S. 100: Eric Delmar; S. 102: Ruth Black; S. 105: brytta; S. 107: Ina Schönrock; S. 109: IvanStevanovic; S. 111: Dimittri Zimmer

© fotolia

S. 6: Friedberg; S. 25: Nailia Schwarz; S. 26: Malena und Philipp K; S. 27: monropic; S. 35: Chrissi3012; S. 41: Santiago; S. 45: lullabi; S. 51: Alterfalter; S. 53: styleuneed und Pixelot; S. 54: vivienne bellini; S. 55: bota horatiu; S. 59: knipsit; S. 61: Aileen; S. 67: svort; S. 70: Morten Elm; S. 74: fotofuerst; S. 78: Fotolyse; S. 83: Visionär; S. 84: Dmitriy34; S. 85: jeffrey hochstrasser; S. 87: Esther Hildebrandt; S. 98: Daniel Fuhr und sborisov; S. 101: Stauke

QUELLENVERZEICHNIS

Vicky Cameron, **Die Gartentour**

aus: Mord im Grünen. Aus dem Englischen von Andrea C. Busch und Almuth Heuner

© 2001 Gerstenberg Verlag, Hildesheim

Francis Hodgson Burnett, **Der geheime Garten**

aus dem Englischen von Friedel Hömke

© Bibliographisches Institut / Sauerländer, Mannheim

Gabriele Wolff, **Unter Palmen so grün**

aus: Mord im Grünen

© 2001 Gerstenberg Verlag, Hildesheim

FSC
www.fsc.org
MIX
Aus verantwortungs-
vollen Quellen
FSC® C015529

Für M., die die schönsten Blumen in ihrer Seele trägt.

© 2012 Esslinger Verlag J.F. Schreiber

Anschrift: Postfach 10 03 25; 73703 Esslingen

Text- und Bildauswahl: Sylvia Tress

Textlektorat: Regina Herr

Layout und Bildauswahl: Katharina Scherer

Redaktion: Friederike Spieth

www. esslinger-verlag.de

ISBN 978-3-480-22899-7